HISTOIRE

DE MADEMOISELLE

DE TERVILLE.

SECONDE PARTIE.

HISTOIRE
DE MADEMOISELLE
DE TERVILLE.

Par Madame de PUISIEUX.

SECONDE PARTIE.

A AMSTERDAM,
Et se trouve
A PARIS,
Chez la Veuve DUCHESNE, rue S. Jacques au-dessous de la Fontaine Saint-Benoît, au Temple du Goût.

M. DCC. LXVIII.

HISTOIRE DE MADEMOISELLE DE TERVILLE.

SECONDE PARTIE.

Nous avons vu la Comteſſe de M.. de retour des Indes avec ſon mari, & jouiſſant de tous ſes droits ; revenons à ce qui ſe paſſa à Prémur depuis ſa ſortie du Couvent.

La Prieure, avertie de ſon départ, envoya ſur le champ un exprès pour en inſtruire le Curé de Prémur, qui courut au Couvent pour apprendre le détail d'un événement dont il eſpéroit tirer quelque profit. Il ne doutoit pas que ſa ſœur ne fût partie avec le Chevalier de M.., & qu'elle n'eût laiſſé ſes effets ; il ſe voyoit en même tems débarraſſé d'un rival qui l'inquiétoit, & il eſpéroit jouir du bien de ſa ſœur; mais elle avoit, comme l'on a vu, diſpoſé de ſes meubles en faveur d'une penſionnaire qu'elle affectionnoit ; & le Curé ne remporta de ſon voyage, que la confuſion d'apprendre qu'elle n'avoit ſeulement pas ſongé à lui.

Il revint triſte, penſif, croyant pouvoir remettre au lendemain des éclairciſſemens ſi fâcheux pour Mademoiſelle de Prémur ; mais il la trouva chez lui, où elle l'attendoit impatiemment. Il vit d'abord l'orage qui alloit fondre ſur lui ; depuis long-tems il étoit l'objet ſur lequel portoit ſa mauvaiſe humeur. Elle frémit de colere en apprenant les circonſtances de la fuite de Mademoiſelle Lovel. Et le Chevalier, demanda-t-elle? Je n'en ai point de nouvelles, répliqua le Curé : on ſçait ſeulement, par quelques payſans, qu'un homme de bonne mine avoit fait tenir des chevaux aux environs du Couvent. C'eſt lui-même, s'écria Mademoiſelle de Prémur d'un ton furieux ; que ne l'ai je poignardé? Puis regardant le Curé. Homme lâche, continua-t-elle, qui n'étiez bon qu'à faire un mauvais Prêtre ; vous reſterez tranquille, pendant qu'on vous enleve votre ſœur! Ce reproche étoit ſingulier dans la bouche de Mademoiſelle de Prémur, qui eût ſuivi le Chevalier de M.. par-tout où il l'eût voulu conduire, & qui avoit conſeillé un an auparavant à Milord C.. d'enlever Mademoiſelle Lovel.

Las d'entendre ces injures, le Curé, à ſon tour, lui répliqua par des reproches ſanglans. La cataſtrophe du Chevalier ne fut point oubliée ; & toutes les démarches violentes où elle l'avoit embarqué, furent rappellées avec les moindres circonſtances. Un valet du Curé, qui entendit cette converſation, la rapporta après la mort de ſon maître, à la Marquiſe de M.. C'eſt ainſi que ces deux perſonnes paſſoient la plûpart des heures qu'elles étoient enſemble; ſcénes affreuſes que le crime & l'indécence produiſent. Cette fille extraordinaire menaça le malheureux Lovel de l'abandonner. A cette terrible menace, le courroux du Curé s'appaiſa. La même crainte l'avoit déja entraîné dans les démarches les plus dangereuſes. On a vu dans la premiere Partie quels avoient été ſes coups d'eſſai.

A meſure que Mademoiſelle de Prémur s'appercevoit que ſes amans s'éloignoient, ſa mauvaiſe humeur augmentoit. Le bruit de ſa méchanceté commencoit à percer; &, pour comble de malheur, le Baron de Prémur mourut. Elle ſe vit alors maitreſſe de ſes volontés. Sa mere, plus foible encore que le Curé, n'osoit s'opposer à ses desirs. Ne songeant qu'à faire valoir sa terre & à prier Dieu, elle laissoit sa fille en pleine liberté de mener telle conduite qu'elle vouloit; n'ayant jamais fait le mal, elle ne le soupçonnoit point dans les autres, n'imaginant pas qu'il pût y en avoir entre un homme chargé de donner l'exemple, & une fille qu'elle croyoit naturellement vertueuse, puisqu'elle étoit la sienne. C'est le propre de la vertu que de ne pas croire au mal.

Soit que le séjour de la campagne ennuiât Mademoiselle de Prémur, ou qu'elle eût entendu parler de Paris comme d'une ville où l'on s'amusoit beaucoup, ou, ce qui est plus vrai-semblable, qu'elle fût lasse du Curé, elle proposa à sa mere d'aller passer quelque tems à Paris. Madame de Prémur, qui trouvoit sa fille merveilleuse, & qui crut qu'elle y seroit plus à portée qu'ailleurs de trouver un mari, consentit volontiers à cette proposition.

On se prépara donc pour ce voyage, qui fut annoncé au Curé. Il reçut cette nouvelle comme un coup de foudre : il proposa en vain de les accompagner; il fut refusé rigoureusement par Mademoiselle de Prémur. Elle lui dit que les devoirs de son état ne lui permettoient pas de quitter sa paroisse.

La mere & la fille partirent par le carrosse d'Amiens avec deux Gardes du Roi qui alloient servir leur quartier à Versailles. Ils offrirent aux Dames de les conduire dans une maison garnie, où ils logeoient ordinairement. Elles accepterent cette proposition : ainsi Mademoiselle de Prémur commença son entrée dans Paris avec deux hommes dont elle avoit fait la conquête : l'un homme de condition, avec peu de bien; l'autre d'une famille honnête, mais beaucoup plus riche.

Madame de Prémur, qui étoit très-économe, trouva le séjour de Paris fort ruineux : elle vit bientôt la fin des petits fonds qu'elle avoit apportés, & qu'elle croyoit devoir suffire, & au-delà, pour les dépenses de leur voyage. Elle parla de retourner à Prémur ; mais sa fille lui remontra qu'il n'étoit pas possible de quitter sitôt cette ville. On écrivit au Fermier d'envoyer de l'argent, & on resta encore quelques mois.

Les deux Gardes du Roi s'étoient expliqués ; ils devinrent jaloux ; mais le plus riche fut le plus raisonnable : il réfléchit sur sa passion pour Mademoiselle de Prémur, & ne s'en trouva pas assez pour l'épouser ; cependant ne voulant point abandonner ses droits à son rival, sans auparavant avoir sçu jusqu'où pouvoit aller sa bonne fortune, il continua ses assiduités ; mais enfin il fut congédié de Mademoiselle de Prémur, qui s'apperçut bien qu'elle n'en pouvoit faire un mari.

Madame de Prémur étoit fort ſurpriſe que ſa fille n'eût pas produit plus d'effet ſur les Pariſiens ; elle s'impatienta de leur indifférence ; elle ignoroit que ce n'eſt point la beauté qui les détermine. Accoutumés à voir toutes les femmes de même couleur, coëffées de même, vêtues de la même maniere ; ce n'eſt jamais en public qu'ils ſe décident pour faire un choix, ſurtout quand il eſt queſtion de mariage. Mademoiſelle de Prémur étoit belle & bien faite, mais ſon air gauche, ſa façon de ſe mettre provinciale, ſon viſage naturel, rien n'étoit propre à la faire remarquer d'un eſſàin d'hommes qui courent après des fleurs. L'art qu'une femme de Paris emploie à ſa parure, ſuffiroit pour embellir toutes les femmes d'une province. Les conquêtes de Mademoiſelle de Prémur ſe bornerent donc aux deux Gardes du Roi ; ſa mere la mena pluſieurs fois dans quelques maiſons de leurs parens ; où les femmes la tournerent en ridicule, & les hommes n'oſerent la trouver belle ; ainſi après être reſtée un an à Paris, & avoir dépenſé les épargnes de pluſieurs années, la mere & la fille reprirent le chemin de leur vieux château.

Le Curé avoit fait quelques petits voyages à Paris pour voir les deux Dames ; il s'apperçut qu'il s'étoit allarmé vainement, & que les charmes de Mademoiſelle de Prémur n'avoient pas eu un grand ſuccès ; en conſéquence il la trouva moins fiere. Les femmes ſont ordinairement vaines de leurs avantages ; & ſouvent l'amant qu'elles traitent le mieux, n'eſt que leur pis-aller.

L'abſence avoit ranimé une liaiſon que l'habitude & le vice avoient rendu froide. Mademoiſelle de Prémur penſoit toujours au Chevalier de M.. ; mais ayant perdu entiérement l'eſpérance de s'en faire aimer ou de le tuer, elle songea sérieusement à écouter les propositions du Garde du Roi, qui, follement entêté, venoit d'arriver à Prémur pour parler d'affaires sérieuses. Le Curé entrevit que ce gentilhomme n'étant pas riche, feroit sa résidence à Prémur, & qu'il verroit toujours par ce moyen l'idole de son cœur.

Monsieur de Terville (c'est ainsi qu'il se nommoit) fit ses propositions à Madame de Prémur, qui, charmée de marier sa fille, lui répondit favorablement. Le conseil avoit été déja tenu entre le Curé & Mademoiselle de Prémur : on conclut que Monsieur de Terville étoit très-propre à faire un bon mari, & en conséquence on le pressa de donner les informations nécessaires sur sa famille, ses biens, son état, &c.

Monsieur de Terville avoit environ vingt six ans ; il étoit grand, un peu dégingandé, d'une physionomie douce &

noble, d'un caractere franc & honnête, riant beaucoup, aimant la paix, les femmes, le jeu, la table, & s'embarrassant assez peu des affaires domestiques, ayant de l'honneur, un bon esprit & de la raison : il eût pu faire le bonheur d'une femme de bien. Après avoir mûrement considéré ses qualités personnelles, & connu ses biens, qui consistoient en cent pistoles de rente du bien de sa mere, & sa place de Garde du Roi, on le pressa de terminer le mariage.

On commença par le tromper en lui faisant croire que Mademoiselle de Prémur étoit fille unique. Elle avoit trois freres, dont deux avoient été envoyés au Canada, & l'autre étoit au séminaire. Monsieur de Terville, croyant que la Terre de Prémur appartiendroit à sa femme, obtint bientôt le consentement de son pere, & de ceux dont il dépendoit ; cependant il se passa quelques mois avant que son mariage fût célébré, tems fatal à l'honneur de Mademoiſelle de Prémur, par l'équivoque de quelques événemens qui ſurvinrent. Le jour pris enfin pour la cérémonie, les perſonnes néceſſaires aſſemblées, on ne ſongeoit qu'à ſe réjouir. Monſieur de Terville montroit la plus grande ſatisfaction, lorſqu'elle fut troublée par une lettre anonyme qu'il reçut deux heures avant la célébration. On l'avertiſſoit que, s'il ne prenoit garde à ce qu'il alloit faire, il ne tarderoit point à s'en repentir.

Cet avis, venu ſi tard, le jetta dans un étrange embarras, & penſa tout rompre : il ne ſçavoit quel parti prendre. Il fut tenté d'aller lui-même ſeller un cheval & partir : il prétexta une ſubite indiſpoſition, pour éloigner au moins la cérémonie; mais le Curé, qui étoit attentif à tout ce qui ſe paſſoit, avoit remarqué le changement qui s'étoit fait en lui, & le prenant à part, lui en demanda la cauſe. Monſieur de Terville ne ſe méfiant point du Paſteur, avoua qu'il venoit de recevoir une lettre qui le jettoit dans une grande incertitude, & il la lui montra. Le Curé, habilement, lui inſinua que quelque rival, jaloux de ſon bonheur, tâchoit de le troubler. M. de Terville, amoureux, crut aiſément ce que le Curé lui diſoit, rentra dans la ſalle un peu plus calme, ſe remit entiérement. Pendant le ſouper, on l'enivra. A une heure du matin, il fut marié au grand contentement de tout le monde appellé à cette cérémonie, qui fut célébrée par le Curé dans la chapelle du Château.

M. de Terville ne ſe repentit point pendant quelques mois de l'engagement qu'il avoit contracté ; ſa femme ſe conduiſit avec lui de maniere qu'il ſe croyoit heureux : mais que le bonheur dont on ſe croit le plus aſſuré, a ſouvent de fâcheux retours ! Madame de Terville, peu après ſon mariage, annonça ſa groſſeſe ; ſon époux voyoit avec plaiſir les progrès d'un embonpoint qu'il croyoit le fruit de ſes embraſſemens. Environ cinq mois après le mariage, Madame de Terville fit une chûte, & ayant appellé du ſecours, elle accoucha heureuſement d'une fille d'une force ſurprenante pour un enfant de cinq mois. M. de Terville, qui avoit tremblé pour ſa femme, fut ſurpris de trouver tant de ſanté à la mere & à l'enfant ; on lui dit de ſe tranquilliſer, que la faculté de médecine avoit prononcé que cinq mois étoient un terme compétent. Il ſe retira fort penſif, ſe renferma dans ſon cabinet, & refuſa d'ouvrir au Curé qui vint pour lui parler ; le ſoir même il fit ſeller un cheval & partit de Prémur ſans en avoir rien dit à perſonne.

On fut fort étonné, quand on voulut baptiſer l'enfant, de ne point trouver M. de Terville ; il fallut en informer ſa femme, qui l'avoit demandé pluſieurs fois. Le Curé prit toutes les précautions imaginables pour lui annoncer ce départ, qui devoit lui procurer beaucoup de ſatisfaction. Forcé de répondre à ſes queſtions, il lui dit en héſitant que ſon mari étoit parti. Je ne crains qu'une choſe, répliqua Madame de Terville, c'eſt qu'il ne revienne : peut-être eſt-il allé ſeulement à la chaſſe. Mais voyant la nuit fort avancée, elle ſe confirma dans l'eſpérance qu'elle alloit être débarraſſée de lui au moins pendant quelque tems. Ayant fait apporter ſa fille, elle la regarda quelque tems avec attention. Voilà qui eſt bien, dit-elle ; qu'on la mette en nourrice loin d'ici.

M. de Terville s'éloigna le plus qu'il lui fut poſſible de Prémur ; il ſembloit qu'il ſe ſoulageât d'un fardeau, en perdant de vue un lieu où il venoit de recevoir le plus cruel affront ; car il ne doutoit pas d'avoir été la dupe d'une femme qui ne l'avoit accepté pour époux, que pour couvrir le désordre de sa conduite. Il marcha toute la nuit, & ne s'arrêta que forcé par la fatigue & le besoin. Après s'être fait donner à manger, il se coucha, & ne se réveilla que pour réfléchir sur la maniere dont il s'y prendroit pour rompre un mariage si honteux. L'espérance de réussir dans ce dessein, le soutint contre le désespoir de se voir si cruellement trompé.

En arrivant à Paris, sa premiere démarche fut de consulter les plus habiles Avocats sur la validité de son mariage, qu'il avoit contracté dans la persuasion que Mademoiselle de Prémur étoit fille unique, quoiqu'elle eût trois freres, dont on ne lui avoit point parlé. Cette affaire étoit de nature à être longtems discutée, & même fort incertaine, par rapport à l'événement. Nous la laisserons pour rapporter des faits plus proches & plus intéressans. M. de Terville alla servir son quartier à Verſailles ; il reçut, ſur l'accouchement de ſa femme, des complimens qui lui percerent le cœur. Forcé de ſe contraindre, pour n'être point la fable de tout le monde, il fut encore obligé de paroître content d'une circonſtance qui le déſeſpéroit. Pour comble de douleur, ſon aventure tranſpira dans ſa province ; & quoiqu'on jugeât qu'il avoit vécu avec ſa femme, avant que d'être marié, le ſoupçon étoit humiliant pour elle & pour lui. Sa triſteſſe contribua encore à faire croire qu'il n'étoit pas content de ſon mariage.

Pour Madame de Terville, elle vivoit à Prémur comme ſi elle n'eût eu rien à ſe reprocher. Qu'une fille ſe marie après avoir eu une intrigue, cela n'eſt pas ſans exemple ; mais qu'elle épouſe un honnête homme, portant dans ſon ſein le fruit des amours d'un autre, c'eſt le comble de l'impudence : cependant on ne doit être étonné de rien, après avoir ſuivi Mademoiſelle de Prémur depuis quelques années. Toutes ſes actions ſont conſéquentes, quoique ce dernier trait doit paroître plus ſingulier que tous ceux qui l'ont précédé.

M. de Terville, voyant ſon malheur ſans remede, les conſultations lui coûtant beaucoup d'argent, abandonna cette affaire & prit le parti de vivre comme s'il n'avoit jamais été marié. Il retourna en Auvergne d'où il étoit, s'étourdit ſur ſes malheurs, maudiſſant l'inſtant où il avoit vu pour la premiere fois Mademoiſelle de Prémur. Ce qui l'embarraſſoit le plus, étoit de raconter à ſon pere ſa lamentable hiſtoire. Il prétexta d'abord mille raiſons de ſon ſéjour dans la province; mais, enfin, il fut obligé de dire la vérité. On trouvoit étrange qu'un homme eût quitté ſa femme au bout de ſix mois de mariage, ſurtout après en avoir paru amoureux.

Le Curé lui avoit écrit pluſieurs fois;

il n'avoit fait aucune réponse. Un jour il reçut une lettre de sa femme ; elle lui marquoit qu'elle alloit se pourvoir en justice, pour lui demander une pension convenable à son état. Cette lettre ne l'inquiéta que foiblement ; mais celle que son pere reçut en même tems, le consterna. Il se vit forcé de découvrir des mysteres qu'il auroit voulu se cacher à lui-même, & qui pouvoient porter le coup de la mort dans le cœur de son pere. La lettre qui lui étoit adressée, étoit conçue en ces termes.

» En épousant votre fils, je n'ai pré» tendu que de me donner un mari, par» ce qu'une fille en a besoin. J'aurois » continué de bien vivre avec lui, s'il fût » resté avec moi ; mais par un trait de » folie difficile à comprendre, il m'a » quittée dans le moment où il devoit » être le plus satisfait : tâchez, Mon» sieur, de le mettre à la raison, & me » le renvoyez soumis ; ou j'aurai recours

» aux moyens ordinaires, pour obtenir » une penſion conforme à mon état, & » l'obliger à prendre ſoin de ma fille. »

Le pere de M. de Terville pleura le malheur de ſon fils, & ne put le déterminer à retourner avec ſa femme. Il eſt peu de maris en pareil cas, qui aient aſſez de réſolution pour réſiſter aux inſtances & aux perſécutions de deux familles : cependant, ou il faut prendre ſon mal en patience, ou, après un éclat, on doit, pour ſon honneur, ne pas revenir. De quel œil peut-on regarder un objet infidele ? Et comment une femme peut-elle s'expoſer à des humiliations ſans nombre, dont elle n'eſt pas même en droit de ſe plaindre. Les hommes ſont trop durs pour ne pas faire acheter bien cher le pardon d'une injure qu'ils ont ſouvent méritée.

M. de Terville fut contraint de faire à ſa femme ſix cents livres de penſion, qu'il ne payoit jamais que quand il y étoit forcé ou qu'il s'en reſſouvenoit ; car il avoit preſque oublié qu'il avoit été marié. Il venoit tous les ans ſervir ſon quartier, & s'en retournoit auſſitôt dans ſa province.

Madame de Terville fit venir ſa fille à trois ans chez elle, & la confia aux tendres ſoins de ſon ayeule. Cette jeune enfant joignoit à toutes les graces de ſon âge, des charmes qui promettoient de devenir ſéduiſans. Heureuſement née, la mauvaiſe éducation qu'elle reçut d'abord, n'influa point ſur ſes mœurs.

Le Curé avoit diminué de complaiſance pour Madame de Terville, à meſure que ſa paſſion s'affoibliſſoit. Il ſentoit, mais trop tard, l'abîme affreux où elle l'avoit entraîné. Il commencoit à éprouver le vuide inquiétant qui prend la place d'un amour qui n'a d'autre ſoutien que les deſirs, & qu'aucune eſtime ne fortifie contre les dégoûts d'une triſte & longue habitude. L'amertume & les regrets avoient ſuccédé aux agitations de la tendreſſe ; leurs entretiens étoient pleins d'aigreur : enfin la haine & les remords s'emparoient de l'ame du Curé, pour lui faire expier ſes indignes condeſcendances pour une femme dont la beauté avoit fait l'unique charme.

Il reſta encore deux ans dans cette ſituation, s'informant ſous main s'il ne ſe trouveroit pas quelque Eccléſiaſtique avec qui il pût faire un échange de bénéfice. Ces démarches vinrent aux oreilles de Madame de Terville ; elle en devint furieuſe; mais cachant ſa vengéance ſous un extérieur indifférent, elle n'en fut que plus dangereuſe pour le Curé, qui en devint la victime.

Sur ces entrefaites, ſa ſœur revint des Indes, comblée de careſſes & d'honneurs de la famille de ſon mari. Elle s'établit avec ſa belle-mere dans la terre de M.., à cinq lieues de Prémur. Le voiſinage de la Comteſſe de M.. réveilla toute la jalousie de Madame de Terville : mais n'ayant plus aucune espérance de désunir ces époux, elle tourna son ressentiment contre le Curé, qu'elle accusoit de ses malheurs. M. Lovel craignant, avec juste raison, une femme qui ne lui avoit donné que trop de preuves de la noirceur de son caractere, mit tout en usage pour sortir de cette affreuse situation. Il écrivit à sa sœur une lettre pleine de repentir ; il la supplia d'avoir pitié de lui, & lui peignit son désespoir comme n'ayant point de bornes.

Cette lettre ranima un reste d'amitié dans le cœur de la Comtesse de M.. ; elle la montra à son mari, dont la tendresse pour sa femme étoit égale à sa confiance. Faites, lui dit-il, tout ce qu'il vous plaira pour un frere coupable à la vérité, mais malheureux, & qui ne l'est devenu que par foiblesse. Madame de M.. ayant la permission de son mari, d'agir à ſon gré, jugea que pour l'honneur de ſon nom, il falloit tirer ſon frere de ſa Cure, & le mettre dans une ſituation conforme à ſon état. Elle lui fit une réponſe convenable, & l'aſſura qu'il pouvoit ſe préſenter quand il le jugeroit à propos, & qu'il ſeroit bien reçu.

Soit vanité, ſoit manque de réflexion, le Curé, enchanté de cette réponſe, la montra à Madame de Terville. Elle parut interdite à cette nouvelle; mais ſe poſſédant, elle lui reprocha en termes aſſez modérés tout ce qu'elle avoit fait pour lui. Votre ingratitude, ajoûta-t-elle, ira ſans doute juſqu'à m'abandonner dans le tems où j'ai le plus de beſoin de vos conſeils & de vos ſervices. Le Curé fut de glace à tous ces diſcours; aſſuré de l'amitié de ſa ſœur & du crédit de ſon beau frere, il ſe crut au-deſſus de tous ſes malheurs.

C'étoit le ſeul homme qui fût reſté à Madame de Terville; elle ne l'avoit jamais

jamais aimé ; mais le désœuvrement & l'occasion le lui avoient fait prendre, & le vice & l'habitude le lui rendoient nécessaire. Il savoit ses secrets ; eh ! quels secrets encore ! de quoi la perdre mille fois, s'il n'avoit pas été souvent le complice de ses noirceurs & de ses désordres. Les tracasseries qu'elle avoit faites à tous ses voisins, l'avoient rendue l'objet de leur haine. Elle avoit pris le goût des procès ; elle en faisoit, tantôt pour la chasse, tantôt pour les limites de ses terres ; aux uns, pour un droit de pêche, aux autres, sur des redevances : enfin cherchant sans cesse dans son esprit à satisfaire son penchant pour nuire ou désobliger, elle réussit à écarter tout le monde, & à ne voir personne de son voisinage, que quelques habitans de Prémur, qui ne devoient jamais être la société d'une femme de condition, si elle avoit agi & pensé comme elle le devoit.

M. Lovel étoit resté jusqu'à vingt-six

ans vertueux ; ſon éducation avoit été ſage. S'il céda à la force de ſes penchans, il en fut puni ſi rigoureuſement, qu'il n'y avoit pas à craindre qu'il eût des retours vers le crime. Il y renonça de bonne foi ; ſes principes ſervirent à le rendre à la vertu. Il n'en eſt pas ainſi de celui qui s'eſt livré au vice par ignorance & par habitude; il s'y fortifie de plus en plus. Madame de Terville en eſt un exemple.

Elle conſervoit dans ſon ame le plus vif reſſentiment; mais elle attendit, pour l'exercer & mettre en pratique ſes deſſeins funeſtes, que le Curé fût de retour de chez ſa ſœur. Il y avoit été reçu comme un frere qui s'étoit toujours comporté avec honneur. Il étoit d'abord confus ; Madame de Marſevil avoua depuis, qu'elle ſe ſentit à ſa vue une émotion qui n'étoit pas celle de l'amitié, & qui l'affecta, pendant quelques inſtans, d'une façon cruelle. Le Comte, dont le cœur étoit généreux, & qui adoroit sa femme, lui pardonna de bon cœur les chagrins qu'il lui avoit causés ; mais il avoit peine à oublier deux ou trois traits de sa vie qui ne pouvoient s'excuser. Après les premiers complimens, on vint aux détails intéressans pour M. Lovel. Il avoua que Madame de Terville l'avoit entraîné dans des démarches dont il se repentoit sincérement. Il ajoûta en rougissant, qu'il avoit contracté quelques dettes, dont il desiroit s'acquitter avant de partir de Prémur ; que tout concouroit à lui faire souhaiter de sortir promptement d'un état qui l'accabloit de remords ; que n'étant pas digne d'habiter la maison de sa sœur, il se croiroit trop heureux s'il pouvoit, dans une retraite honnête, effacer par sa bonne conduite les déréglemens de sa vie. Madame de Marsevil pleura de tendresse en voyant la résolution & le repentir de son frere ; elle promit de songer au plutôt à lui procurer un ſort tranquille & heureux.

De retour à Prémur, M. Lovel chercha un honnête Eccléſiaſtique qui voulut prendre ſa Cure à la charge d'une penſion modique. Comme il gardoit des ménagemens avec Madame de Prémur & ſa fille, il alla au Château, leur fit part de la réception de ſa ſœur & de ſon beau-frere, & leur dit la réſolution où il étoit de profiter de leur bonne volonté. Madame de Prémur, qui étoit franche, & qui voyoit l'avantage du Curé dans ſon raccommodement avec ſa ſœur, le félicita dans cette heureuſe circonſtance; mais Madame de Terville cacha ſa rage ſous les déhors de la modération : jamais elle n'avoit paru ſi raiſonnable au Curé, qui y fut trompé, quoiqu'il la connût parfaitement. Il chercha à la voir en particulier, pour lui marquer quelques regrets de leur ſéparation, Son amour avoit été ſi violent, qu'il en reſtoit encore quelques étincelles qui ſe rallumerent quand il ſe vit prêt à s'en ſéparer. Il ne s'en étoit détaché que par les raiſons que nous avons détaillées, & n'avoit vu l'extravagance de ſa conduite, que quand le bandeau étoit tombé. Le ſcrupule naît ſouvent de la raiſon; & on ne devient ſage, que quand les paſſions s'affoibliſſent, ou ne ſe font plus ſentir.

Le contraire arriva à Madame de Terville; quand elle ſe vit ſeule, livrée à toute l'horreur de la ſolitude & du délaiſſement, ſans reſſource, ſans objet ſur qui pouvoir exercer ſa mauvaiſe humeur, elle devint intraitable, & ne ſongea plus qu'aux moyens de ſe venger du Curé, & à perſécuter ſon innocente fille qui va bientôt devenir la malheureuſe victime de ſon chagrin.

M. Lovel fut obligé de demeurer encore quelques ſemaines à Prémur, pour les affaires de ſa Cure, & pour ſatisfaire à ſes devoirs & à ſes dettes. Il avoit pris pour la jeune de Terville une amitié ſi tendre, qu'elle étoit une des cauſes de ſes regrets, ou plutôt elle en étoit la ſeule. Il ne la voyoit pas ſans douleur entre les mains de ſa mere; il réſolut d'en parler à ſa ſœur, & de l'émouvoir en ſa faveur, afin de l'engager à en prendre ſoin. Il ſe donnoit depuis un an des ſoins pour ſon éducation. Madame de Terville ne ſe ſeroit point opposé à ſon éloignement; car elle ne la voyoit qu'avec la plus grande indifférence. Son ayeule la vengeoit bien de cet oubli; car elle l'aimoit juſqu'à la folie; & il y avoit autant à craindre de ſa condeſcendance, que de l'abandon de ſa mere; l'une l'eût gâtée, & l'autre l'eût délaiſſée.

M. Lovel s'arrachoit à regret d'auprès de cet enfant; il ne voyoit point de ſang-froid le moment de s'en ſéparer. Madame de Terville affectoit un air triſte, & ne faiſoit à M. Lovel que des reproches tendres. Il l'aſſura qu'il ne ſe ſeroit point déterminé à quitter Prémur, ſans les réprimandes de ſes ſupérieurs, qui euſſent pu à la fin lui attirer de fâcheuſes affaires; que, pour ſe garantir de leurs perſécutions, il ſe verroit volontiers hors de leur dépendance. Il ajoûta qu'il ne ceſſeroit jamais de l'aimer & de lüi rendre ſervice; qu'il viendroit même ſouvent la voir. Ses proteſtations étoient accompagnées de tant de froideur, que Madame de Terville n'en fut point la dupe; elle ſe contînt aſſez pour ne lui montrer que le chagrin de ſon éloignement.

Le nouveau Curé ayant été nommé à la Cure de Prémur, M. Lovel s'arrangea avec lui de ſes meubles, & ſe retira au château, comptant y paſſer quelques jours avec les Dames, & enſuite aller à Marſevil joindre ſa ſœur, qui lui avoit écrit qu'elle avoit trouvé une occaſion de le faire voyager avec un Ambaſſadeur qui partoit pour l'Italie ; que pendant ſon abſence elle veilleroit à ſes intérêts, & qu'elle comptoir, à ſon retour, pouvoir lui procurer une ſituation auſſi tranquille que décente.

Cette lettre réjouit beaucoup M. Lovel. Selon ſa coutume, il la montra à Madame de Terville, qui ſe fortifia par cette lecture dans ſes cruels deſſeins. Il avoit une métairie à quelques lieues de Prémur, dont le Fermier étoit en arriere des revenus : M. Lovel l'avoit pluſieurs fois menacé de le faire ſaiſir. Cet homme brutal lui répliqua par des injures, & continua de ne point payer. M. Lovel, impatient, lui envoya des Huiſſiers. Le Fermier, forcé de donner de l'argent, menaça de tuer le Curé, qui n'en fit que rire. Mais Madame de Terville ne l'avoit point oublié ; elle fit venir cet homme ſecrettement, lui propoſa de ſe défaire de M. Lovel, & lui promit une récompenſe proportionnée au ſervice qu'il lui rendroit. Le Fermier, croyant qu'on vouloit le ſurprendre, refuſa de commettre un crime auquel il ne penſoit plus, & dont il n'avoit jamais eu le deſſein que dans la premiere chaleur de ſon reſſentiment. Madame de Terville voyant que ſon ſecret étoit entre les mains de cet homme, lui dit qu'elle étoit bien-aiſe de le ſçavoir dans d'auſſi bons ſentimens; qu'elle ne l'avoit envoyé querir, que pour ſçavoir ce qu'il penſoit, parce que M. Lovel ayant cédé ſa Cure & ayant beaucoup d'ennemis, elle craignoit qu'il ne fût du nombre, & ne lui fît du mal. Lui donnant quelque bagatelle, elle lui recommanda de ne point parler de ce qu'elle venoit de lui dire. Le Fermier le promit; mais il fut forcé de le déclarer peu de tems après.

La petite de Terville avoit alors cinq ans; le Curé n'étoit reſté que pour elle, & paſſoit preſque toute la journée à l'inſtruire. Un ſoir qu'il étoit dans une ſalle baſſe avec cette jeune enfant, appuyé ſur une table, & lui conduiſant la main pour former quelques lettres, il fut frappé tout-à-coup & renverſé mort d'un coup de fuſil, partant à travers d'une fénêtre qui donnoit ſur le jardin. Il tomba ſur la pauvre petite créature, qui étoit aſſiſe à ſes côtés, & qui attira par ſes cris tout le monde du Château. Madame de Terville fut des premieres; ſa mere, les ſervantes, tous accoururent à ſes terribles plaintes. Cet enfant avoit reçu ſur ſon ſein les derniers ſoupirs du malheureux Lovel, qui n'avoit pu prononcer que ces mots : *C'eſt elle qui me tue*. Quel ſpectacle! une jeune fille de cinq ans, couverte de ſang, ſoutenant de ſes foibles mains la tête d'un homme mort, dont le cœur palpitoit encore! On dégagea la jeune de Terville; on l'enleva malgré ſes pleurs, & on porta le corps de M. Lovel dans une chambre où l'on délibéra ſur ce que l'on en feroit.

Madame de Terville envoya chercher la Juſtice du lieu, & fit procéder dans les formes. On fit battre le parc toute la nuit ſans rien découvrir. Le premier ſoupçon tomba ſur le Fermier qui avoit menacé M. Lovel; en conſéquence on l'arrêta, & il fut conduit en priſon. Madame de Terville fit des perquiſitions infinies pour découvrir les auteurs d'une action auſſi barbare, proteſtant qu'elle y mangeroit tout ſon bien; & fit enfin tout ce qui étoit en ſon pouvoir, pour faire croire qu'elle étoit déſeſpérée d'un accident auſſi funeſte, qui la privoit, à ce qu'elle diſoit douloureuſement, du meilleur de ſes amis. Comme on ſoupçonnoit depuis long-tems ſon commerce avec le défunt, on n'eut garde d'imaginer qu'elle eût cauſé ſa mort. L'on trouvoit ſa douleur ſi juſte, que perſonne n'en ôſa blâmer l'excès; & ſa désolation paroissoit si naturelle, qu'on alla jusqu'à la plaindre. Elle n'avoit aucun temoin qui pût déposer contre elle. Le seul Fermier avoit parlé à sa femme des propositions de Madame de Terville. Elle fut trouver les Juges, leur déclara ce que son mari lui avoit dit. Madame de Marsevil, persuadée d'où partoit le coup, étoit la seule qui pût poursuivre la vengeance du meurtre de son frere : elle poussa le procès avec vigueur. On interrogea le Fermier, qui convint des menaces qu'il avoit faites au Curé, & des propositions que Madame de Terville lui avoit faites ; mais ces preuves n'étant pas suffisantes ni contre elle ni contre lui, le crime demeura impuni.

Après avoir tenu le Fermier deux ans dans les prisons, & vérifié que, quand M. Lovel fut tué, il étoit au cabaret à quatre lieues de Prémur, on lui rendit la liberté. On conseilla à Madame de

Marſevil de laiſſer cette affaire malgré la certitude où elle étoit, que le coup qui avoit frappé ſon malheureux frere, partoit de la main de Madame de Terville; mais on ne condamne perſonne ſur des préſomptions : ainſi cette cruelle femme ne fut troublée que par ſes remords.

Le Curé qui avoit ſuccédé à M. Lovel étoit vieux, auſtere, & prévenu fortement contre le caractere & la conduite de Madame de Terville. Il ſe mit en tête de la convertir ; mais, bon Dieu ! à qui avoit-il à faire? Il eût d'abord fallu l'inſtruire de ſa religion, dont elle n'avoit plus la moindre idée. Quel travail, d'ailleurs, pour déraciner l'habitude du vice, & changer un naturel pervers! Un Prêtre zélé n'eſt pas toujours un homme éclairé & raiſonnable : il croit ſouvent que l'ame la plus enfoncée dans le crime, ſera ramenée dans le chemin du ſalut par la ſeule perſuaſion : quel orgueil ! ou quelle ſimplicité !

M. de Terville avoit été d'abord ſoupçonné de l'aſſaſſinat du Curé ; mais ces ſoupçons ſe détruiſirent d'eux-même. Il vivoit à plus de cent lieues de Prémur, ne ſongeant ſeulement pas qu'il fût marié. Sitôt qu'il eût appris la mort de M. Lovel, il s'écria, en levant les yeux au ciel : Je loue Dieu de m'avoir fait ſortir ſain & ſauf des mains de cette déteſtable femme. Madame de Prémur fut ſi frappée de cette mort, qu'elle en contracta une maladie de langueur, qu'elle conſerva toute ſa vie. Elle fut perſuadée, ainſi que la Comteſſe de Marſevil, que ſa fille étoit l'auteur du crime ; mais elle renferma cette penſée dans ſon cœur, n'oſant en parler même à ſa fille. Les ſoupçons du public tomberent ſur les debiteurs de M. Lovel, dont il en avoit maltraité quelques-uns.

Madame de Prémur prit confiance dans le nouveau Curé, & lui dit toutes ses peines ; mais s'étant mis en tête de sermoner Madame de Terville, il se fit refuser la porte. Ainsi loin de faire un bien, le bon Pasteur mit la division dans la famille. Il fut obligé de se priver de la société de Madame de Prémur, pour ne pas aigrir sa fille, qui s'étoit rendue maitresse absolue dans la maison depuis son mariage. Le zèle du Curé ne se ralentit point ; mais voyant qu'il ne réussissoit pas, & craignant des exemples dangereux pour la jeune de Terville, il en écrivit à l'Evêque de Beauvais, qui se promit d'essayer quelques moyens doux pour la faire changer de conduite. Il lui envoya sous différens prétextes des Eclésiastiques. L'un d'eux étoit jeune & d'une belle figure. Après quelques voyages à Prémur, où il avoit été reçu de Madame de Terville fort civilement, il se persuada pouvoir l'amener au moins à l'entendre plus patiemment. Elle l'écouta d'abord avec attention ; mais il fut bien ſurpris quand elle lui propoſa un eſſai ſingulier : faites, lui dit-elle, tous vos efforts pour me rendre ſage; & moi en revanche je ferai tout ce qui ſera en mon pouvoir pour vous pervertir; voyons qui de nous deux remportera l'avantage. La partie n'étoit pas égale. L'Abbé qui étoit un peu neuf, fut ſi ſurpris de la propoſition, qu'il reſta interdit. Il ſe hâta de ſortir & d'aller rendre compte à l'Evêque de ſa miſſion. Il dit à ce Prélat qu'il ne vouloit plus retourner à Prémur; que Madame de Terville étoit trop belle pour qu'il travaillât à ſa converſion; & trop déterminée pour lui laiſſer l'eſpoir de réuſſir : qu'il ne ſe connoiſſoit ni aſſez de force pour la perſuader, ni aſſez de courage pour lui réſiſter, L'Evêque n'oſant plus le députer vers Madame de Terville, envoya un de ſes grands Vicaires, dont l'âge le raſſuroit ſur l'effet que les charmes de Madame de Terville pouvoient produire. Après plusieurs visites, il fut encore obligé de renoncer à cette entreprise.

L'Evêque ne pouvant rien espérer d'une femme de ce caractere, ni entreprendre de la réduire par la rigueur, puisqu'elle étoit mariée, écrivit à M. de Terville que, s'il vouloit travailler de concert avec lui, il obtiendroit une lettre de cachet pour la faire mettre dans un Couvent. Il répondit à l'Evêque que, ne voulant faire ni mal ni bien à la femme qu'il avoit épousée, il lui étoit fort obligé de l'intérêt qu'il prenoit à ce qu'il ne croyoit pas devoir altérer son honneur ni sa conscience; qu'il n'étoit pas le premier homme de bien qui eût une méchante femme. L'Evêque voyant qu'il ne réussissoit pas mieux de ce côté, & craignant pour la jeune de Terville, résolut de tenter de la lui enlever pour la faire élever dans une maison religieuse; mais Madame de Terville fit encore échouer ce projet, qui eût ſauvé à ſa fille bien des dangers & des malheurs. Nous allons commencer l'hiſtoire de cette Demoiſelle, qui deviendra le principal objet de la ſuite de ces Mémoires.

Par des raiſons qu'on ne peut pas bien définir, Madame de Terville prit pour ſa fille une haine invincible. Ayant réſolu de l'éloigner, elle médita quelques projets, qui preſque tous lui parurent impraticables. Enfin elle s'arrêta au moins difficile & au plus périlleux pour cette jeune perſonne. J'ai dit qu'elle s'amuſoit à faire des procès à tous ſes voiſins : elle en fit à ſon Curé un qui demandoit ſa préſence à Paris ; elle emmena ſa fille avec elle pour lui tenir compagnie ; en vain Madame de Prémur s'oppoſa-t-elle à ce deſſein, rien ne la fit changer d'avis. Elle partit par le carroſſe d'Amiens avec cet enfant, qui ne quitta qu'avec beaucoup de larmes ſon ayeule qu'elle aimoit infiniment.

Arrivée à Paris, Madame de Terville paſſa quelques jours à la pourſuite de ſon procès. Un matin elle ſortit avec ſa fille ; lui ayant fait faire bien du chemin, elle la laiſſa ſur le Pont Royal, en lui diſant de l'attendre, qu'elle alloit revenir.

Mademoiſelle de Terville avoit environ ſix ans : ſa figure étoit ſi diſtinguée & ſi charmante, que tous les paſſans la regardoient. Elle étoit aſſiſe ſur le bout du parapet : voyant que ſa mere ne revenoit point, elle ſe mit à pleurer. Pluſieurs perſonnes s'approcherent & la queſtionnerent. Elle répondit que ſa maman lui avoit dit de l'attendre. Ayant attendu encore quelque tems, & voyant que l'on n'avoit aucune nouvelle, on commença à ſoupçonner que cet enfant avoit été expoſée par quelque miſérable femme qui n'étoit pas en état de la nourrir. On la fit entrer dans le Jardin des Tuileries, où on lui donna à dîner, ayant mis du monde ſur le pont en ſentinelle pour voir ſi quelqu'un viendroit réclamer la jeune enfant. On attendit juſqu'à la nuit. Des gens de probité la menerent chez le Commiſſaire le plus proche, qui la queſtionna de nouveau ſur ſon nom & ſur tous les points néceſſaires. Ses réponſes déterminerent à faire des perquiſitions pour découvrir la rue & l'hôtel garni où Madame de Terville étoit logée; ce qui fut très-difficile; parce qu'ayant médité ſon deſſein, elle s'étoit dépayſée & avoit pris un autre nom ſur le regiſtre du carroſſe de voyage & dans l'hôtel garni. Le Commiſſaire recommanda Mademoiſelle de Terville à ſa femme, qui en eut grand ſoin; & alla inſtruire M. [illegible]ieutenant Général de Police d'une ſi ſinguliere aventure.

Le Magiſtrat, curieux d'interroger lui-même la petite fille, la fit venir. Il fut ſurpris de ſes graces & de toute ſa perſonne. Rempli d'une tendre pitié pour elle, il ordonna qu'elle ſeroit miſe dans une Communauté, juſqu'à ce qu'on eût retrouvé ſes parens, ou qu'il eût vu ce qu'on pourroit faire pour elle. On redoubla les recherches ; à force de peines & de démarches, on parvint à découvrir la maiſon où Madame de Terville avoit demeuré ; ce fut aſſez inutilement ; car elle étoit partie le même jour pour retourner en Picardie, & l'hôteſſe qui reconnut fort bien Mademoiſelle de Terville, lorſque l'on la lui mena, dit que ſa mere avoit pris le nom de Madame Duval.

A l'âge de Mademoiſelle de Terville, on ne voit rien au-delà des beſoins ; elle ſe trouva à merveille dans le Couvent, & y eût volontiers demeuré ſi on eût voulu ; mais M. le Lieutenant de Police avoit à cœur de découvrir la marâtre qui pouvoit abandonner ainſi un enfant aimable à tous les dangers dont Paris fourmille. La circonſtance étoit embarraſſante : la petite de Terville diſoit bien les noms de ſon ayeule, de ſa mere & le ſien. Elle avoit compté juſqu'au funeſte accident du Curé ; mais tout ce qu'elle diſoit avoit ſi peu de ſuite, que l'on craignoit de faire des démarches fauſſes. Comment s'imaginer qu'une femme de condition pût ſe déterminer à expoſer un enfant de ſix ans ? On lui demanda ſi elle connoiſſoit ſon pere ; elle répondit que non. Cette réponſe déſorienta encore plus. Dans cette incertitude, le Lieutenant de Police écrivit à Madame de Terville, que, la jugeant dans la plus cruelle inquiétude par rapport à ſa fille, il lui faiſoit ſçavoir qu'elle étoit entre ſes mains, & qu'elle pouvoit venir la reprendre. Elle fit réponſe qu'elle n'avoit plus d'enfant ; que ſa fille unique venoit de mourir de la petite vérole ; qu'elle ne ſavoit pas ce que l'on vouloit dire, n'ayant pas quitté la Province depuis long-tems.

Le Magiſtrat fut fort étonné de cette réponſe, queſtionna de nouveau la jeune de Terville, qui répondit toujours de même : l'hiſtoire du malheureux Lovel ſur-tout, qui étoit encore récente, lui donnoit de fortes conjectures ſur le caractere de Madame de Terville. Enfin il ne vit pas de meilleurs moyens de s'éclaircir pleinement, que d'envoyer ſur les lieux des perſonnes ſûres pour faire des informations. Ceux qu'il chargea de cette commiſſion s'en acquitterent fort bien. Ils furent d'abord à Prémur, demanderent Madame de Terville, à qui ils dirent qu'ils venoient pour s'arranger avec elle ſur des droits de lods-&-vente de je ne ſçais quel bien qu'ils alloient acheter. Madame de Terville leur dit qu'elle ne ſe mêloit point de ces détails, & que ſa mere leur répondroit mieux qu'elle ſur ce ſujet. En même tems elle les fit conduire dans l'appartement de Madame de Prémur, qu'ils trouverent dans un abbattement excessif de la perte de sa petite-fille. Ils n'eurent pas de peine à tirer d'elle le sujet de sa douleur. L'un d'eux lui fit des questions sur l'âge & le nom de l'enfant qui venoit de mourir : elle répondit que Madame de Terville l'ayant menée à Paris, il y avoit trois semaines, elle y étoit morte de la petite vérole; & de suite elle fit l'éloge de l'enfant avec un torrent de larmes. Le député la rassura, la consola & lui promit qu'elle reverroit bientôt l'objet dont la perte la mettoit dans un si violent désespoir; mais il exigea qu'elle ne dît rien à sa fille, dont il détailla la conduite à Paris, & l'action qui faisoit le sujet de leur voyage.

Madame de Prémur ne fut pas surprise d'un procédé si noir. Aussi satisfaite qu'elle étoit triste auparavant, elle promit tout ce qu'on voulut; & les deux députés s'en retournerent en diligence rendre compte du succès de leur commission

miſſion au Magiſtrat, lequel fit expédier auſſitôt une lettre de cachet pour Madame de Terville, qui lui ordonnoit de ſe rendre ſur le champ à Paris.

Elle frémit à cet ordre ; toute ſon audace l'abandonna : elle ſuivit l'Exempt dans une chaiſe qu'il avoit amenée exprès ; & arrivée à Paris, elle fut introduite dans le cabinet du Lieutenant de Police. Averti de ſon arrivée, il fit cacher la petite de Terville derriere un rideau, avec défenſe de paroître qu'il ne l'appellât. Le Magiſtrat demanda d'abord à Madame de Terville ce qu'elle avoit fait de ſa fille. Elle eſt morte, reprit-elle avec aſſez d'aſſurance. Dans quel pays, demanda-t-il encore? A Prémur, répliqua t-elle. Cela ne ſe peut, continua le Magiſtrat ; vous étiez à Paris avec elle dans le tems que vous dites qu'elle eſt morte à Prémur ; vous logiez dans telle rue ſous le nom de Duval ; mais pour ne pas vous laiſſer plus long-tems dans l'incertitude de ce qui vous amene, je vais faire paroître un témoin non suspect de la fausseté de ce que vous dites : venez, lui dit-il, voyons si vous reconnoîtrez votre mere. A ces mots la petite de Terville parut ; & sans le moindre ressentiment, courut l'embrasser en l'appellant sa maman.

Toute l'effronterie de Madame de Terville l'abandonna, ne pouvant tenir contre des preuves aussi fortes de son mauvais naturel. Elle parut confuse & ne chercha pas à s'excuser de son action dénaturée ; elle ne répondit rien au Magistrat, qui, après lui avoir montré les informations qu'il avoit fait faire, termina cette scene par une remontrance sevère, & lui ordonna de représenter sa fille toutes les fois qu'il l'exigeroit.

La jeune de Terville, qui s'étoit fort bien trouvée de sa demeure au Couvent, entendant qu'on alloit la remener à Prémur, se mit à pleurer & à se plaindre.

Le Magiſtrat lui promit de l'envoyer chercher, & d'en avoir ſoin. L'Exempt lui ayant dit que ſa grand'maman l'attendoit, elle ſe laiſſa conduire dans la chaiſe en ſanglotant. L'Exempt la ramena donc à Prémur par ordre du Lieutenant de Police, & ne la quitta qu'après l'avoir remiſe entre les bras de ſon ayeule. Cette tendre mere manqua mourir de joie en recevant ſa petite fille ; elle l'accabla de tant de carreſſes, que l'Exempt, raſſuré par cette ſcene touchante, revint en rendre compte au Magiſtrat.

Madame de Terville reſta quelques jours à Paris, & retourna à Prémur avec la même tranquillité que ſi elle n'avoit pas fait la plus indigne action. Cette aventure avoit tranſpiré, malgré les précautions qu'on avoit priſes pour la tenir ſecrette. Elle parvint juſqu'à la Comteſſe de M.., qu'une tendre compaſſion pour la jeune de Terville engagea à la demander pour en prendre soin. Madame de Terville, qui haïssoit cette Dame, la lui refusa; & son ayeule ne put se résoudre à s'en séparer. Ainsi pour son malheur, la haine d'un côté, & la tendresse de l'autre, l'exposerent à de nouveaux dangers.

Le Marquis de Versé possédoit une Terre aux environs de Prémur; ce qu'il avoit entendu dire de Madame de Terville avoit piqué sa curiosité, & lui donna une extrême envie de la connoître. Il ne crut pas devoir faire beaucoup de façon avec elle; & sous prétexte de quelques limites, il alla à Prémur. La beauté de Madame de Terville acheva ce que sa réputation avoit commencé. De tout tems le singulier a plu à de certaines gens. Sa vanité fut flattée de se faire aimer d'une femme aussi extraordinaire (& assurément Madame de Terville n'avoit pas sa pareille.) Le Marquis de Versé étoit jeune, bienfait, emporté, courageux, mais d'un caractere dur & entreprenant. Soit que la sympathie agît, ou que, dans le délaissement où vivoit Madame de Terville, elle eût besoin d'un amusement, elle reçut le Marquis favorablement. De son côté il en devint fort amoureux, & lui rendit des soins. Il s'établit un commerce qui ne pouvoit pas être tendre entre deux personnes si emportées ; mais en revanche il fut très-vif durant deux ans, pendant lesquelles Madame de Terville, occupée agréablement, ne chercha aucune occasion de nuire à personne : elle chassoit du matin au soir en habit d'homme avec le Marquis, se moquant de tous les Gardes, qui la craignoient si fort, qu'ils la laissoient chasser tant qu'elle vouloit sur les terres de ses voisins.

Une liaison entre deux personnes aussi violentes devoit finir par quelque aventure fameuse. Le Marquis devint insoſent ; Madame de Terville prétendit qu'elle ne devoit point ſouffrir qu'il lui manquât : enfin ils ſe querellerent de façon qu'ils en vinrent à une rupture. Madame de Terville jura qu'elle en auroit raiſon, & qu'elle tireroit une vengeance proportionnée aux injures qu'elle avoit reçues ; mais le commerce d'un brave homme comme le Marquis de Verſé lui avoit donné l'idée du point d'honneur. Elle voulut ſe battre avec lui loyalement, & lui donna un rendez-vous pour vuider leur différend les armes à la main. Le Marquis accepta le défi en badinant ; mais il changea bien de ton le lendemain, en voyant arriver cette ſurprenante femme armée de deux piſtolets chargés à l'arçon de ſa ſelle. Elle s'avança fiérement, lui reprochant ſa lâcheté. Je viens, dit le Marquis, pour combattre avec vous plus également qu'à coup de piſtolets. Il n'eſt pas queſtion d'éluder, reprit Madame de

Terville ; il faut se battre, ou je ne vous fais point de quartier : voilà deux pistolets, prenez-en un, tirez le premier, j'y consens ; & descendant de son cheval, parce que le Marquis étoit à pied, elle lui présenta le pistolet, qu'il tira en l'air. Il eut tort ; il n'étoit pas prudent de se mettre sans défense avec une femme de ce caractere. Elle lui cria de le charger, ou qu'elle alloit tirer sur lui. Le Marquis essaia de lui faire entendre raison ; mais inutilement. Madame de Terville, furieuse de ce qu'il méprisoit son courage, pour lui en donner une haute idée, lui tira son coup ; mais, si heureusement pour lui, qu'elle n'atteignit que son chapeau. Remontant à cheval promptement, elle courut à bride abbatue s'enfermer dans le Château, résolue de se défendre jusquà la derniere extrémité, si l'on venoit pour se saisir d'elle.

Quelques Paysans, attirés par les coups

de piſtolet, arriverent auprès du Marquis, qu'ils trouverent immobile d'étonnement. Ils lui demanderent la raiſon du bruit qu'ils venoient d'entendre. Il répondit que c'étoit des chaſſeurs qui avoient tiré en paſſant prés de lui. Cependant il s'éloigna d'un lieu où il pouvoit encore rencontrer cette terrible femme : il joignit un de ſes valets qui l'attendoit à l'entrée du parc avec des chevaux, & retourna chez lui, réſolu de n'avoir plus de liaiſon avec des femmes qui ſe ſervoient ſi bien d'armes à feu. Cette plaiſanterie ne lui parut plus digne de ſa curioſité.

Madame de Terville, débarraſſée de la peur, reprit ſon genre de vie. Elle s'étoit ſérieuſement attachée au Marquis de Verſé ; elle lui écrivit pluſieurs lettres, attribuant ſon action au depit de le voir changer ; mais le Marquis fut inſenſible à toutes ſes excuſes, & guérit de ſa paſſion pour les femmes extraordinaires.

Mademoiselle de Terville grandissoit & devenoit charmante ; sa taille fine & légere promettoit des graces qu'elle justifia depuis. Son ayeule avoit pensé, quoiqu'un peu tard, qu'une fille sans principes devenoit la honte de son sexe & le mépris de l'autre. Elle tomba dans l'excès contraire ; ce fut d'élever sa petite fille dans les minuties & la superstition. Cette méthode valoit encore mieux que celle qu'elle avoit suivie avec sa fille ; car il est plus décent qu'une femme soit ignorante, que vicieuse & livrée à ses penchans.

Mademoiselle de Terville, bien différente de sa mere, étoit née avec un esprit doux, un caractere docile, une ame sensible & presque toutes les vertus qui font les femmes de mérite ; il ne lui falloit que de bons exemples & des maîtres habiles pour cultiver de si heureuses dispositions. On conseilla à Madame de Prémur de faire des tentatives pour la faire recevoir à Saint Cyr, établissement glorieux à la Nation & à l'Institutrice qui venoit de le former; mais M. de Terville refusa d'entrer dans ce qu'il appelloit cette friponnerie, & ne voulut pas envoyer ses titres. Madame de Prémur fut charmée de ce contretems. L'idée de se séparer de cette jeune personne la faisoit mourir : ainsi Mademoiselle de Terville se vit encore condamnée à dépendre de sa mere. Le Lieutenant de Police envoyoit tous les ans à Prémur pour s'informer de quelle maniere Madame de Terville en usoit avec sa fille.

La seule personne qui pouvoit s'opposer à ses odieux projets, mourut: je veux dire Madame de Prémur. Ce fut une grande perte pour Mademoiselle de Terville. Sa mere, gênée par les ménaces du Lieutenant de Police, se détermina à l'envoyer dans un Couvent à trente lieues de Prémur, où elle resta jusqu'à l'âge de quinze ans ; & elle en avoit dix, lorsqu'elle y entra. Cette démarche la dépaysa entiérement. La Police changea de Magistrat ; & le Ministre, qui avoit eu une parfaite connoissance de sa premiere aventure, l'oublia : par ce moyen Mademoiselle de Terville demeura sans personne qui s'interessât â son sort.

Cependant elle étoit parvenue au moment où elle commencoit à sentir le malheur de ne tenir à aucuns parens. Elle ne connoissoit M. de Terville que par le nom qu'elle portoit. Elle soupiroit en pensant qu'il ne l'avoit jamais vue, & ne s'informoit pas seulement d'elle. Son ayeule lui avoit souvent dit qu'il vivoit éloigné de sa mere, sans vouloir revenir. Son peu d'expérience l'empêchoit d'appercevoir des raisons à cette conduite injurieuse à l'honneur de Madame de Terville : elle ne poussoit pas plus loin ses conjectures, & gémissoit ſeulement d'être délaiſſée à ce point. Sa mere lui écrivoit ſouvent qu'elle n'avoit qu'un parti à prendre, celui d'être Religieuſe, parce qu'elle n'avoit aucun bien à eſpérer. Ses lettres ne produiſoient rien ſur la jeune de Terville, que de la faire pleurer amérement ; & à meſure qu'elle avancoit en âge, elle ſe ſentoit de plus en plus un dégoût inſurmontable pour le Cloître. Ces réflexions ne portoient encore ſur aucun objet ; elle n'éprouvoit pas cette tendreſſe pour ſa mere, qui eſt autant l'ouvrage de l'éducation que celui de la nature. Jamais Madame de Terville ne lui avoit prodigué ni careſſes, ni ſoins, ni marques d'amitié. Sa fille étoit accoutumée à lui obéir, parce que ſon catéchiſme & ſon Curé le lui avoient ordonné. Voilà où ſe réduiſoit tout ce qu'elle croyoit lui devoir ; mais ſon cœur ne lui diſoit rien pour elle ; au contraire elle craignoit comme la mort ſon retour à Prémur ; elle n'envisageoit pas de plus grand malheur que celui de vivre près d'une mere qui l'avoit exposée dans ſon enfance aux dangers les plus affreux, dont le moindre étoit la misere, ou d'être renfermée dans un hôpital parmi les enfans du libertinage & de la plus vile populace. En grandiſſant, ſes idées ſe dévéloppoient; ſon imagination ſe fortifioit, lui retracoit l'image de l'infortuné Lovel, expirant ſur ſon foible ſein. Ce cruel accident la faiſoit treſſaillir d'horreur: ce peu de paroles qu'il avoit dites en mourant, lui revenoient dans l'eſprit ; des propos rapportés par les domeſtiques & par ſon ayeule, lui donnoient des ſoupçons qui ne faiſoient que fortifier ſon éloignement pour ſa mere : tout enfin combattoit dans ſon cœur les devoirs de la nature.

Pendant qu'elle gemiſſoit ſur ſon ſort, Madame de Terville étoit, à Prémur, la terreur de ſes voiſins. Un gentilhomme obtint une coupe de bois pour payer ſes créanciers : Madame de Terville l'apprit ; & comme il lui devoit, elle ſe crut en droit d'exiger le paiement à force ouverte, & d'obliger les travailleurs, par ſes menaces, de lui promettre d'amener le lendemain le bois coupé chez elle ; mais ſitôt qu'elle fut partie, ils ſe plaignirent, & on leur donna une brigade de maréchauſſée pour les garder. Le jour ſuivant Madame de Terville ne voyant point arriver le bois, en devina la cauſe, & fut, bien armée, demander pourquoi on lui avoit manqué de parole. Le Brigadier s'aviſa de lui parler avec quelque autorité ; mais Madame de Terville, d'un ton menaçant, lui impoſa ſilence. Un des Cavaliers ayant repliqué inſolemment, Madame de Terville prit un de ſes piſtolets, & le déchargeant dans le poitrail de ſon cheval, lui dit que, s'il n'étoit pas la plus vile créature, elle l'eût traité de même. Les autres intimidés par cette action, n'oserent l'arrêter ; ils la laisserent aller, & il ne lui en coûta qu'un cheval de peu de valeur qu'elle fut obligée de rendre au Cavalier de la Maréchaussée, qui lui fit encore excuse. Voilà comme elle se tira de cette violence.

Il y avoit deux ans qu'elle n'avoit payé la pension de sa fille. La Dépositaire l'avoit plusieurs fois avertie qu'elle renverroit cette jeune personne, si elle ne recevoit pas ce qui étoit dû au Couvent ; & Madame de Terville ne faisoit aucune réponse à cette Religieuse. Abandonnée de sa mere, elle manquoit de tout ; ses robes étoient courtes & usées : ses compagnes, obligées de lui prêter leurs hardes, lui faisoient acheter ces petits services par de grandes mortifications : enfin elle étoit devenue l'objet des charités de presque toute la Communauté : sa vanité, qui commencoit à se faire sentir, vint augmenter ses peines ; c'est le premier tyran de la vie. Une Demoiselle du même Couvent, fille d'un Receveur Genéral des Finances, avoit pris Mademoiselle de Terville en amitié : elle lui proposa d'engager ses parens à lui former une dot pour être Religieuse. Cette proposition, bien loin de la consoler, lui donna un mortel chagrin. Quelque peu de ressource qu'elle vît dans les secours de sa mere, elle ne put se résoudre à s'enterrer dans cette retraite, & à quitter le monde avant que de le connoître.

Madame de Terville s'étoit arrangée avec ses freres ; les deux qui avoient passé au Canada lui avoient abandonné leur part à la succession de leur pere; & le plus jeune, qui étoit à Paris au séminaire, se contentoit d'une pension médiocre. Ainsi Madame de Terville se voyoit fort à son aise, & en état de payer à sa fille les petites dépenses qu'elle faisoit dans son Couvent. La pension qu'elle avoit obtenue de son mari auroit suffi. On conseilla à Mademoiselle de Terville d'écrire à sa mere & de lui exposer ses besoins. Elle hésita encore quelque tems ; mais enfin le mépris de ses compagnes la détermina à faire tout son possible pour sortir du Couvent. Plus elle devenoit aimable, moins elle avoit lieu d'attendre de la douceur & de l'indulgence des autres femmes ; elle ne comprenoit pas même le sujet de leur mauvaise humeur. L'expérience du monde lui montra depuis qu'une belle personne ne doit point compter sur les services de son sexe, & doit éviter d'avoir des obligations à l'autre ; c'est une regle générale qui souffre cependant des exceptions.

Mademoiselle de Terville essuyoit des mortifications de toute espece : on lui reprochoit les petits secours qu'on lui avoit donnés : on la rebutoit par-tout ;

on l'appelloit des noms les plus humilians : enfin on la réduisit au déſeſpoir. La gouvernante de ſa riche compagne défendit à ſon éleve de la voir & de lui rendre des ſervices : une ſeule Religieuſe prit hautement ſon parti, & reprocha aux autres penſionnaires l'indécence & l'indignité de leur conduite envers une fille de condition, qui n'avoit d'autre défaut que celui d'avoir des parens ſans naturel. Cette honnête Religieuſe empêcha qu'elle ne ſuccombât ſous ſa malheureuſe ſituation. Mademoiſelle de Terville étoit dans ſa quinzieme année, & ſon eſprit étoit plus formé que celui de beaucoup de filles à vingt. Suivant les conſeils de la Religieuſe, elle écrivit à ſa mere qu'elle ne pouvoit ſupporter plus long-tems les chagrins que lui attiroit ſa mauvaiſe fortune. Ne recevant aucune réponſe à ſes premieres lettres, elle ne ſe rebuta point, & continua d'écrire juſqu'à ce qu'enfin elle reçût celle de ſa mere qui la délivroit de tous ſes ennuis, puiſqu'elle alloit quitter le Couvent pour retourner à Prémur.

La Dépoſitaire reçut en même tems les penſions qui lui étoient dues, & quelque argent de ſurplus pour payer les petites dettes de Mademoiſelle de Terville, & pour ſubvenir aux frais de ſon voyage. Ses compagnes voulurent lui faire une eſpece de réparation ; mais elle ne voulut pas en recevoir. Elle paſſa le peu de jours qu'elle avoit encore à reſter au Couvent, avec la Religieuſe qui l'aimoit véritablement, & qui lui donna les conſeils les plus ſages pour ſa conduite. Elle l'exhorta fort à lui écrire ſouvent. Cette bonne fille ſavoit une partie de l'hiſtoire de Madame de Terville, & étoit perſuadée que ſa fille n'auroit que des peines à eſſuyer de la part de cette étrange mere.

La veille de ſon départ, Mademoiſelle de Terville reçut la viſite de Mademoiſelle de Savaur, cette Demoiſelle qui lui avoit toujours marqué de l'amitié; elle l'embraſſa tendrement, & l'aſſura qu'elle voyoit ſon départ avec un grand regret, mais qu'elle ne pouvoit ſuivre pour le préſent ſon inclination, en lui propoſant de ne point ſe ſéparer; que ſa gouvernante n'avoit jamais voulu qu'elle ſe liât intimement avec elle, n'en concevant d'autre raiſon que la jalouſie pour l'amitié qu'elle lui portoit: mais, ajoûta-t-elle, je ne l'aurai pas toujours auprès de moi, & je ſerai peut-être dans quelque tems maitreſſe de mes volontés; je vous promets qu'alors je ferai uſage de ma liberté, pour vous engager à venir vivre avec nous; voilà, continua-t-elle, uue petite boëte que je vous prie de recevoir pour l'amour de moi; ne l'ouvrez qu'à votre retour à Prémur, je vous en prie; car on m'a dit que votre mere avoit pourvu à toute votre dépenſe ici & à celle de votre voyage.

Quoique Mademoiselle de Terville ne sçût pas précisément ce qui étoit contenu dans la boëte, elle se douta bien qu'il y avoit de l'argent. Le procédé de Mademoiselle de Savaur la toucha sensiblement; elle lui fit les plus tendres caresses ; & après lui avoir promis de lui écrire souvent, & de quitter tout pour la rejoindre sitôt qu'elle seroit libre de la recevoir, elle s'en sépara avec le plus vif regret.

Le lendemain la Touriere remit Mademoiselle de Terville dans le Carrosse public, la recommandant à une femme de bien qui se trouva heureusement du voyage, & qui alloit de Flandre à Paris pour les affaires de son commerce. Il y avoit encore dans la voiture un Religieux, deux Officiers & deux autres personnes qui n'ont aucune part à ces Mémoires.

Le bagage de Mademoiselle de Terville étoit si léger, qu'elle le prit avec elle. Il faiſoit à peine jour, & l'on n'entrevoyoit encore perſonne; cependant les deux Officiers & ſur-tout le Religieux avoient une extrême curioſité de voir Mademoiſelle de Terville, qui, triſte & penſive, n'avoit pas dit un mot. Le jour parut enfin; & au grand étonnement de nos voyageurs, la figure de Mademoiſelle de Terville leur parut charmante; ſa phyſionomie noble & modeſte ne fut pas capable d'en impoſer au Religieux, non plus qu'à un des Officiers; ils voulurent la défrayer à la dînée; mais le Cocher dit qu'il avoit de l'argent pour payer par-tout. A leur grand regret, ils ne trouverent aucune priſe de ce côté: pluſieurs fois l'honnête femme à qui on l'avoit recommandée, leur impoſa ſilence; ſurtout au Moine, qui paroiſſoit le plus hardi. Elle prévit que cette jeune perſonne auroit beaucoup à ſouffrir des propos de ces étourdis; & elle ſe promit au moins de les empêcher d'en venir à des discours plus libres.

A la couchée, Madame Didier (c'est ainsi que se nommoit cette Marchande) demanda à souper seule avec Mademoiselle de Terville dans une chambre à deux lits; les Officiers & le Moine vinrent leur faire des reproches de ce qu'elles se séparoient ainsi de leur compagnie. Madame Didier leur répondit que la jeune Demoiselle l'avoit demandé, parce qu'elle étoit extrémement fatiguée, & qu'elle vouloit se coucher de bonne heure. Ils firent tout ce qu'ils purent pour la détourner de ce dessein; ils furent obligés de s'en retourner dans leur chambre, sans avoir rien gagné sur l'esprit de Mademoiselle de Terville, qui, pour les forcer de sortir, s'étoit toujours tenue de bout.

L'Officier qui avoit paru le plus modéré, dit à ses camarades de voyage, de laisser les Dames libres, & les emmena presque malgré eux. Il avoit paru plus réservé que les autres ; sa figure étoit prévenante ; & sans la mauvaise compagnie avec laquelle il étoit, les deux Dames se seroient volontiers accomodées de sa société. Elles le traiterent civilement, sans cependant lui faire sentir qu'elles le distinguoient. Elles souperent dans leur chambre & se coucherent fort tranquillement.

Mademoiselle de Terville s'endormit profondément, & ne se réveilla que par le poids d'une main qu'elle sentit sur son sein. Machinalement, elle sauta hors du lit du côté opposé, en criant de toutes ses forces au secours. Madame Didier se réveilla à ses cris, & fut à son lit, où elle ne la trouva plus : qu'est-ce donc, ma chere enfant, lui dit-elle? venez vous mettre dans mon lit. Mademoiselle de Terville n'osoit sortir de la ruelle où elle s'étoit réfugiée ; elle trembloit comme la feuille, en disant

qu'il

qu'il y avoit des voleurs dans la chambre. Madame Didier ouvrit un rideau épais qui cachoit la fénêtre ; la lune éclairoit aſſez la chambre pour appercevoir deux hommes en chemiſe, qui cherchoient la porte. S'étant rencontrés, ils alloient infailliblement ſe battre, ſans la réſolution de Madame Didier, qui ouvrit la fenêtre en criant au voleur. Dans le même moment l'Officier, qui avoit entendu beaucoup de bruit, étant accouru l'épée à la main, en ouvrant la porte, il bleſſa le premier qu'il rencontra ; l'autre gagna ſa chambre & ſe coucha promptement.

Les ſervantes parurent avec des lumieres. Soit frayeur, ſoit la force du coup, le bleſſé étoit tombé de ſon long à la porte de la chambre. On le reconnut avec étonnement pour le Religieux. Ha ! ha ! mon drôle, dit l'Officier ! qu'allez-vous faire dans cette chambre ? Qu'on le mene en priſon, & qu'on en faſſe un exemple. Le Moine n'étoit plus en état de l'entendre ; quoiqu'il ne fût pas bleſſé à mort, le ſang qu'il avoit perdu, & la frayeur lui avoient ôté la connoiſſance. On alla chercher un Chirurgien pour le panſer ; & on le tranſporta dans ſon lit, où il reſta trois ſemaines, après leſquelles ſa Communauté le redemanda. On ne ſçait pas la punition qui lui fut réſervée, ni de quelle maniere il s'excuſa de ſon impudence.

Après ce fracas, les Dames ne voulurent point ſe recoucher ; leur porte ne fermoit qu'avec un loquet, uſage dangereux dans les hôtelleries : on ne put leur perſuader que perſonne ne viendroit les inſulter. L'autre fantôme qu'elles avoient apperçu, les inquiétoit : ainſi, après avoir paſſé quelques heures à raiſonner ſur cette aventure, elles remonterent dans le carroſſe & continuerent leur route.

Mademoiselle de Terville ne put se défendre d'un sentiment de reconnoissance pour l'Officier qui l'avoit si généreusement défendue : son camarade étoit assez sérieux, & ne parloit de l'aventure de la nuit que comme d'une chose assez plaisante & fort ordinaire dans les hôtelleries. Madame Didier s'apperçut qu'il la regardoit d'assez mauvais œil, & eut la malice de lui demander qui il soupçonnoit d'avoir été aussi insolent que le Moine. Je ne sçais, reprit-il ; mais vous faites beaucoup de bruit pour une chose aussi simple : c'est un homme qui sera accouru comme Monsieur (en montrant son ami) pour vous rendre service ; & cependant on l'accuse de mauvaise intention. Oui, reprit Madame Didier ! On ne vient pas en chemise pour rendre service à des Dames ; & on ne s'enfuit pas, quand d'autres viennent au secours : enfin l'on ne se cache pas de ses bons desseins. La remarque est bonne, dit l'Officier en riant : répondez, si vous pouvez. L'autre répliqua d'un ton qui fit craindre à Madame Didier qu'elle n'eût commis une imprudence en poussant à bout un homme déja de mauvaise humeur. Elle chercha adroitement à reparer sa faute, en tournant l'aventure en plaisanterie, & priant les deux Officiers de leur tenir fidelle compagnie le reste de la route. Les Dames eurent soin de se précautionner d'une chambre où il y eût des verroux : on fut assez sérieux les jours suivans, sur-tout quand on sçut que Mademoiselle de Terville étoit une fille de condition, qui alloit rejoindre sa mere dans ses Terres.

Quelle singuliere destinée ! Mademoiselle de Terville abandonnée presqu'en naissant, envoyée dans un Couvent de Province, où elle est livrée aux mépris d'une Communauté, presqu'à la charité de tout le monde : avec une figure charmante, elle eſt expoſée ſeule dans une voiture publique, à la merci de deux impudens qui viennent l'inſulter au milieu de ſon ſommeil : ſans l'honnête femme qu'elle rencontra, peut-être eût-elle commencé ſa carriere par eſſuier une affreuſe infamie : quelle horrible poſition ! Si la fortune eût été contente de ces épreuves, & ne l'eût pas traitée avec plus de rigueur, elle ſe feroit rappellé ſes premiers malheurs comme un ſonge fâcheux ; mais elle étoit encore bien loin du port.

Le quatrieme jour, Mademoiſelle de Terville trouva un valet de ſa mere avec un cheval, qui l'attendoit à deux lieues de Prémur où la voiture devoit paſſer ; elle dit adieu à Madame Didier, l'embraſſa avec tendreſſe, & la remercia de ſes bons offices ; elle prit civilement congé des deux Officiers ; celui qui l'avoit ſecourue dans l'hôtellerie, marqua beaucoup de chagrin de leur ſéparation.

Il l'avoit traitée avec le plus grand respect depuis l'aventure de l'auberge, lui offrant de la conduire à Prémur : elle s'en défendit dans la crainte de déplaire à sa mere. Madame Didier lui donna son adresse à Paris, non pas qu'elle crût la revoir jamais ; ce fut à tout hazard. On verra que cette précaution ne fut pas inutile à Mademoiselle de Terville, qui arriva à Prémur au grand contentement de tous les domestiques, & surtout de la nouvelle société de Madame de Terville, qui la reçut d'un air assez obligeant, fort surprise de la trouver si formée & si jolie.

Elle étoit habillée ridiculement : ses robes usées étoient trop courtes; il fallut d'abord travailler à son ajustement, qui fut tout des plus simples ; la compagnie qui se trouvoit au Château, consistoit dans un Abbé qui étoit son oncle, un homme d'affaires de Madame de Terville & un Peintre presque fol. Ces objets frapperent la vue de Mademoiſelle de Terville. Venez, grande idiote, lui dit ſa mere, je crois qu'elle nous dira bien des *oremus* : il faut que j'embraſſe ma niece, reprit l'Abbé de Prémur : le Secrétaire lui fit un compliment poli, & le Peintre lui proteſta qu'il commenceroit ſon portrait le lendemain, & qu'elle étoit belle comme Flore. Ho! ne la gâtez pas, répliqua Madame de Terville ; ces petites filles ont aſſez d'amour-propre ; elle ne ſe fâcha point cependant des louanges qu'on donnoit à ſa fille, parce qu'on lui dit qu'elle lui reſſembloit ; mais elle ne fut pas ſi contente des queſtions que fit Mademoiſelle de Terville en demandant des nouvelles de ſon pere, auquel on lui avoit défendu d'écrire. Que vos queſtions ſont bêtes, répliqua Madame de Terville ! oubliez ce benêt dont je ne veux jamais entendre parler.

Ce fut une loi pour Mademoiſelle de Terville de cacher le deſir qu'elle avoit depuis long-tems d'aller trouver ſon pere en Auvergne, & de tâcher de l'attendrir ſur ſon ſort ; elle ne comprenoit pas la cauſe de la déſunion de deux époux qui vivoient ſéparés, comme s'ils ne s'étoient jamais connus ; elle concevoit encore moins qu'elle fût fille d'un pere qui ne lui avoit jamais donné la moindre marque de ſouvenir : elle ſe perdoit dans toutes les idées qui lui venoient à ce ſujet : les conſeils de la religieuſe ſe préſentoient à ſon eſprit & calmerent pour un tems ſes incertitudes. Ils étoient ſi ſages qu'ils ne pouvoient que la conſoler & lui faire ſupporter patiemment les peines qu'elle ne pouvoit manquer d'eſſuier dans ſa nouvelle ſituation. La religieuſe avoit pénétré tout le myſtere de ſa naiſſance, & de l'averſion que ſa mere avoit pour elle : on lui avoit perſuadé de chercher à plaire à ſa mere par ſa douceur & ſa complaiſance ; mais Mademoiſelle de Terville ne pouvoit oublier qu'elle l'avoit exposée à l'âge de six ans aux plus affreux dangers : à mesure que sa raison se fortifioit, elle envisageoit cette circonstance de sa vie avec plus d'horreur ; le peu de tendresse que sa mere lui avoit marqué, avoit presque anéanti dans son cœur celle que son bon naturel devoit lui inspirer. De la hauteur & beaucoup de vivacité achevoient de détruire la souplesse de son caractere. Madame de Terville, qui étoit la femme la plus violente de son tems, ne prétendoit pas que sa fille résistât à ses volontés ; & les volontés de Madame de Terville paroissoient si déraisonnables à sa fille, qu'il n'y avoit nulle apparence que ces deux personnes pussent vivre long-tems unies.

Retirée dans sa chambre, Mademoiselle de Terville ouvrit la petite boëte que lui avoit donné son amie : elle y trouva vingt louis, plusieurs petits bijoux dont elle avoit eu envie, une lettre,

& les caracteres de Théophraste; elle ouvrit la lettre, & elle lut avec plaisir les assurances d'amitié que Mademoiselle de La . . . . lui donnoit; elle serra toutes ces choses précieusement, donnant des larmes de reconnoissance à une aussi tendre amie.

Le lendemain de son arrivée on lui fit mille questions touchant la vie qu'elle menoit au Couvent : elle y satisfit. Sa mere lui dit qu'il falloit changer de conduite. Qu'avez-vous appris, continua-t-elle? A vivre honnêtement, répliqua Mademoiselle de Terville, à travailler en tapisserie, ma religion, & à ne pas me laisser séduire par les mauvais exemples. Ce dernier article déplut à Madame de Terville, qui reprit d'un ton impatient, qu'elle avoit l'air de faire un jour une bégueule fort ennuieuse, l'Abbé de Prémur voulut prendre son parti; mais on lui ordonna impérieusement de se taire. L'Abbé ne répliqua rien & hausſa les épaules, en regardant ſa niece ; qui avoit les larmes aux yeux ; il avoit beaucoup d'envie de l'entretenir en particulier, ce qui ne fut pas difficile : une vieille domeſtique avoit eu ordre de veiller ſur la conduite de Mademoiſelle de Terville : cette fille étoit chargée de tout le détail de la maiſon ; par conſéquent ſa jeune maitreſſe étoit preſque toujours livrée à elle-même.

Il y avoit pluſieurs jours que Mademoiſelle de Terville étoit à Prémur, lorſque ſon oncle vint un matin dans ſa chambre ; avouez, lui dit-il, ma chere niece, que vous voyez dans cette maiſon d'étranges perſonnes. Que je vous plains, ma chere enfant, & que je prends de part à votre ſort ! Je prévois que vous ne pourrez reſter long-tems ici. A ces mots Mademoiſelle de Terville ſoupira, & répondit qu'étant reſolue de ſe conformer en tout à la volonté de ſa mere, elle eſperoit au moins de la tranquillité.

Je ſouhaite , reprit l'Abbé, que vous réuſſiſſiés dans vos louables intentions : mais je n'y vois pas d'apparence. D'ailleurs que ferez-vous ici ? il n'y a point de parti pour vous ; & je ne vois que celui de la religion qui vous convienne, dans la poſition où vous êtes : mais, répliqua Mademoiſelle de Terville, mon pere peut avoir des raiſons pour ne pas bien vivre avec ma mere ; mais je n'en vois aucune pour qu'il me veuille du mal ; ne puis-je pas l'aller trouver & tâcher de le toucher en ma faveur ? car, je vous l'annonce, continua-t-elle, je me ſens beaucoup de penchant à l'aimer, & j'augure bien du voyage que je ferai auprès de lui. A ce diſcours l'Abbé ſoupira. Je ne puis, lui dit-il, vous expliquer encore pourquoi vous feriez une démarche inutile ; votre pere ne s'eſt ſeulement pas informé de vous depuis que vous êtes née ; qu'irez-vous faire chez un homme qui vous regardera avec tant d'indifférence, qui insultera peut-être à vos peines, & qui vous feroit sans doute partager le mépris qu'il a pour votre mere ? car, ma chere niece, il n'est plus tems de vous cacher, que vous n'avez rien à attendre d'heureux de ce côté : vous devez au contraire n'esperer que de vous & des événemens le bonheur que vous méritez. Il y a des gens stupides, qui, loin de montrer des ressources aux malheureux, ou de les consoler, les découragent, en leur ôtant toute espérance : l'Abbé de Prémur tenoit le milieu entre ces gens-là, & ceux qui, par leurs douces persuasions, sont capables de calmer la douleur la plus amere.

Mademoiselle de Terville sembloit être ensévelie dans une profonde rêverie ; mais en en sortant tout-à-coup : Que vous m'affligez, lui dit-elle, mon cher oncle, en m'ôtant cette seule ressource ! je m'apperçois par votre discours qu'il n'y faut plus penser : ma mere me hait, & mon pere ne veut point me voir : que cette réflexion est cruelle! Son visage se baigna de larmes. L'Abbé de Prémur la consola de son mieux, & lui promit de prendre soin d'elle; mais ses pouvoirs n'alloient pas bien loin. Un bénéfice de six cents livres, & environ autant de revenu de la succession de ses pere & mere, voilà en quoi consistoient ses moyens : cependant les assurances d'amitié qu'il donnoit à sa niéce, parvinrent à calmer son chagrin; elle se crut à l'abri de beaucoup de revers, puisqu'un de ses proches vouloit bien prendre intérêt à son sort; elle lui promit de son côté de ne se conduire que par ses conseils. Bientôt elle s'accoutuma à sa situation & à l'idée qu'elle devoit rester à Prémur, sans penser aux moyens de rejoindre M. de Verville.

Il lui vint encore une diversion; le Peintre l'excédoit à force d'importunités ; il vouloit la peindre & lui montrer à dessiner. Son esprit étoit dans une situation si triste, qu'elle refusa d'abord un sujet de distraction qui pouvoit la tirer de l'espece de solitude dans laquelle elle vivoit : elle ne descendoit dans la salle d'assemblée, que peu de tems avant les repas ; & sous le prétexte de ses occupations, elle remontoit dans sa chambre presqu'aussitôt qu'on étoit sorti de table, ou elle s'enfoncoit dans les détours du parc de Prémur.

Il y avoit plusieurs mois qu'elle vivoit ainsi, quand un jour elle apperçut deux hommes qui entroient dans la cour du Château, dont l'un paroissoit le maître, & l'autre le valet. Comme Madame de Terville étoit brouillée avec toute sa famille & ses voisins, les visites étoient fort rares chez elle ; & hors quelques Curés des environs, & des Fermiers qui avoient affaire à elle, il n'entroit pas un homme étranger dans le Château. Un mouvement de curiosité porta Mademoiselle de Terville à descendre. Quelle fut sa surprise quand elle reconnut l'Officier qui lui avoit rendu un si grand service dans l'hôtellerie. Elle ne put se défendre d'un sentiment de joie & d'inquiétude. Je ne comptois pas, Monsieur, lui dit-elle, vous voir jamais ici ; qui peut vous amener dans nos cantons? Vous seule, Mademoiselle, répliqua-t-il ; désespéré de votre absence, ne pouvant plus la supporter, je suis venu pour m'expliquer avec Madame votre mere sur mes intentions pour vous. Cette brusque déclaration fit rougir Mademoiselle de Terville, qui répondit à l'Officier qu'elle alloit prévenir sa mere sur la visite qu'il vouloit leur rendre ; & appercevant son oncle, elle l'appella, lui dit en peu de mots les obligations qu'elle avoit à cet Officier, le priant de lui faire compagnie jusqu'à ce qu'elle fût revenue.

Elle entra dans la chambre de sa mere, à qui elle annonça la visite de l'Officier. Soit que Madame de Terville fût dans ses bons momens, ou qu'elle eût de la curiosité de voir un homme dont sa fille lui avoit dit tant de bien, elle descendit & reçut l'Officier avec beaucoup de politesse. Il avoit environ vingt-cinq ans ; sa taille étoit au-dessus de la médiocre, bien fait, ayant une physionomie aimable, beaucoup de douceur dans le caractere, l'esprit juste & le cœur bon & sensible. On apperçut à son premier abord qu'il avoit reçu une belle éducation ; il fit un compliment poli sur la liberté qu'il prenoit de venir sans être présenté. Madame de Terville y répondit sur le même ton, & en peu de tems on ne s'apperçut pas qu'il étoit dans la maison pour la premiere fois. Madame de Terville l'ayant invité à passer quelques jours à Prémur, il accepta avec beaucoup de joie cette propoſition, en profitant pour s'inſinuer dans l'eſprit de la mere & pour plaire à la fille.

L'Abbé de Prémur ſongeant à l'établiſſement de ſa niéce, fit beaucoup d'accueil à l'Officier, que nous appellerons M. de Valcy, qui lui déclara ſes deſſeins pour Mademoiſelle de Terville. Quoiqu'elle ne ſentît rien dans ſon cœur pour cet amant, elle ſe crut trop heureuſe d'être recherchée par un homme jeune & aimable, qui, ſelon toutes les apparences, poſſédoit un bien honnête, & qui la tireroit d'une ſituation auſſi fâcheuſe, qui pouvoit même le devenir davantage, pour peu que ſa mere augmentât de mauvaiſe humeur : c'eſt un grand point pour une fille de n'avoir pas le cœur engagé ; elle peut ſaiſir ſans chagrin le premier parti qui lui convient ; elle n'a aucun ſacrifice, aucun effort à faire pour ſe ſoumettre à l'événement. Tout alloit à merveille ; mais le plus difficile reſtoit à faire : il étoit queſtion d'obtenir le conſentement du pere de M. Valcy, pour un mariage qui ne ſembloit nullement avantageux. On écrivit à M. de Terville qu'il ſe préſentoit un établiſſement pour ſa fille, & que l'on n'attendoit que ſon aveu pour terminer cette affaire. M. de Terville répondit qu'il étoit fort étonné qu'on le conſultât là-deſſus ; qu'il conſentoit volontiers qu'on mariât toutes les filles, meme celle dont la femme qu'il avoit épouſée étoit accouchée, il y avoit environ ſeize ans. Cette réponſe ne pouvoit pas ſervir de certificat : auſſi l'Abbé de Prémur lui écrivit une ſeconde fois qu'il étoit honteux de refuſer ſon conſentement pour marier une Demoiſelle qui portoit ſon nom, & dont il feroit manquer l'établiſſement par une mauvaiſe plaiſanterie. Soit par pitié, ſoit qu'il ſentît ſon tort, M. de Terville envoya un conſentement en bonne forme, qui ne servit cependant de rien. Le pere de M. Valcy, qui n'étoit point amoureux, fit des informations sur la Demoiselle que son fils vouloit épouser; il apprit bientôt toute l'histoire de Madame de Terville, & le peu de bien que sa fille avoit à espérer; car M. de Terville, qui avoit perdu son pere & son frere aîné, ne voulant pas que les enfans de sa femme eussent part à sa succession, avoit fait des dispositions en faveur de ses neveux, & ne les avoit pas laissé ignorer à sa femme.

Après plusieurs voyages à Prémur, M. de Valcy demanda le consentement de son pere; mais il le trouva totalement opposé à ce mariage : il lui annonça qu'il falloit renoncer à Mademoiselle de Terville, & lui répéta ce qu'il avoit appris de la conduite de sa mere. M. de Valcy, surpris & troublé de tout ce qu'il entendoit, ne sçut que répondre dans une occasion aussi délicate; il falloit de mûres réflexions pour ſe déterminer à prendre un parti : il demanda à ſon pere la permiſſion de ſe retirer, pour penſer à ce qu'il avoit à faire. Vous prendrez tel parti qu'il vous plaira, reprit le vieillard ; mais le mien eſt ferme : je ne conſentirai jamais que vous épouſiez la fille d'une telle femme, & vous même vous devriez rougir d'y ſonger encore : le bien n'y fait rien ; vous en avez aſſez pour faire le bonheur d'une épouſe ; mais perſuadez-vous que les enfans d'une femme flétrie par tant d'actions indignes, partagent néceſſairement le déſhonneur de leur mere.

Le pere de M. de Valcy étoit un honnête homme, quoiqu'il eût gagné beaucoup de bien aux affaires du Roi : il avoit marié une de ſes filles fort honorablement ; & il ne lui reſtoit à pourvoir que le plus jeune de ſes enfans, Capitaine de Cavalerie, dont il eſt queſtion ici. Son aventure fit grand bruit dans ſa famille ; elle s'aſſembla pour aviſer aux moyens d'empêcher qu'il ne ſuivît ſon inclination, ou qu'il ne ſe livrât au chagrin que devoit naturellement lui cauſer la perte d'un objet chéri, auquel il falloit qu'il renonçât. On chercha pendant pluſieurs jours à le diſtraire par tous les amuſemens & les plaiſirs qu'on put inventer ; mais ſon cœur étoit trop épris pour goûter un remede auſſi foible contre une paſſion violente, fortifiée par l'eſpoit d'un bonheur prochain, & par la certitude d'être aimé ; c'eſt le plus grand attrait pour une ame ſenſible ; & quoique Mademoiſelle de Terville ne lui eût pas marqué un empreſſement bien vif, il croyoit que ſon cœur étoit à lui : elle-même, qui ne connoiſſoit pas l'amour, & qui rendoit juſtice au mérite de M. de Valcy, ſe perſuada qu'elle lui étoit tendrement attachée ; mais la rupture de ſon mariage l'éclaira ſur ſes ſentimens : elle regretta plutôt le mari qui devoit finir ſes malheurs, que l'amant que ſon cœur avoit choiſi.

Huit jours s'étant paſſés ſans qu'elle reçût de nouvelles de M. de Valcy, elle commença à être inquiette ; il lui avoit promis qu'il ne tarderoit pas à revenir à Prémur avec ſon pere ; qu'il tâcheroit d'engager à être du voyage. Pluſieurs ſemaines s'étant encore écoulées ſans qu'elle en entendît parler, elle ſoupçonna la vérité, & s'en ouvrit à ſon oncle, qui lui promit de partir le lendemain pour s'éclaircir d'une choſe ſi intéreſſante. Arrivé à Paris, il fut droit chez M. de Valcy ; il ne trouva que ſon pere, qui le reçut civilement ; & ſachant qu'il étoit l'oncle de Mademoiſelle de Terville, il s'expliqua franchement avec lui. Vous êtes ſans doute étonné, lui dit-il, Monſieur, du ſilence de mon fils ; mais pour ne pas vous laiſſer plus long-tems dans l'incertitude, je lui ai refuſé mon conſentement pour épouſer votre niéce, qui, à ce que l'on m'a dit, eſt une charmante fille, que mon fils aime éperdûment, mais qui ne me convient pas pour brû, à cauſe de ſa mere qui eſt un diable, perdue de réputation dans toute la Province : ſi mon fils étoit aſſez lâche pour l'épouſer, je le déshériterois ; & que feroit-il ? Sa femme & ſes enfans ſeroient à la mendicité. Vous me paroiſſez un homme de bien, continua le vieux Financier ; avouez que vous en feriez autant à ma place. Monſieur, répondit l'Abbé de Prémur, je ſuis bien loin de vous approuver dans la faute que vous faites faire à votre fils : ma niéce eſt fille de condition, & ſera plus riche que vous ne penſez. Ho! cela ne m'inquiette gueres, répliqua M. de Valcy ; j'aimerois mieux qu'elle n'eût pas un ſol, & que ſa mere fût honnête femme. Monſieur, Monſieur, vous allez bien vîte, reprit l'Abbé ; vous ne ſongez pas que vous parlez mal de ma

ſœur ;

fœur ; que je ne dois, ni ne puis le fouffrir. Oh ! fi vous vous fâchez, continua le Financier, vous n'aurez pas raifon ; car ce n'eft pas moi qui dis du mal de votre fœur, c'eft le public ; & le public n'a jamais tort dans cette occafion ; il y a toujours des circonftances qui le déterminent. L'Abbé vit bien qu'il défendroit en vain la réputation d'une femme, dont toutes les actions étoient marquées au coin de l'indécence & de l'iniquité : il gémit en fongeant que fa malheureufe niéce feroit la victime des folies de fa mere. Il prit froidement congé du vieux Valcy, qui le reconduifit en lui faifant de très-humbles excufes de fa fincérité, mais paroiffant très-fatisfait de ce qu'il en étoit quitte à fi bon marché, ayant toujours crainte que fon fils n'eût contracté quelque engagement qu'il ne pût rompre qu'en payant. L'Abbé fe retira, réfolu de ne retourner à Prémur que lorfqu'il auroit eu une explication avec le jeune de Valcy : ne pouvant le joindre chez lui, il lui donna un rendez-vous dans une allée des Tuilleries.

Il y arriva le premier, & attendit quelque tems ; il déſeſpéroit de le voir, quand il l'apperçut à l'autre bout de l'allée dans laquelle il étoit. A peine put-il le reconnoître, tant il étoit changé. Vous me voyez, Monſieur, dit M. de Valcy, dans un état qui vous prouve les combats qu'il m'a fallu ſoutenir avec moi-même pour réſiſter à mon amour ; mais les ordres de mon pere, les conſidérations de ma famille entiere, m'ont fait une loi de ſacrifier ma tendreſſe à leur ſatisfaction. L'Abbé, touché de pitié pour ce pauvre garçon, & ne pouvant ſe diſſimuler la conduite indécente de ſa ſœur, lui demanda avec douceur s'il avoit pris une ferme réſolution de renoncer à ſa niéce. Il le faut bien, s'écria douloureuſement M. de Valcy ;

& ce n'eſt qu'en me privant de la voir que je puis en venir à bout ; peut-être ſuccomberai-je à ma douleur ; car elle eſt extrême ; je n'oſe vous demander compte, ajoûta-t-il, de ce qui la concerne ; ſon état, ſans doute, ne feroit qu'ajoûter à mon déſeſpoir ; mais dites-lui, je vous prie, que ſi je ne puis être à elle, je ne ſerai jamais à une autre : ſi ſon cœur pouvoit être auſſi conſtant que le mien, peut-être un jour...., ; mais le moyen de l'eſpérer ! jeune & belle, elle trouvera mille occaſions de m'oublier : quelqu'autre moins tendre & plus heureux reparera la ſottiſe de mon pere. L'Abbé vit bien que M. de Valcy préféreroit plutôt la mort que le mariage de ſa niéce. Après lui avoir fait des reproches de n'avoir pas conſulté ſon pere, avant que de faire des propoſitions de mariage à ſa ſœur, il prit congé de lui, en promettant de le voir quand il viendroit à Paris.

L'Abbé retourna à Prémur ; sa sœur & sa niéce l'attendoient avec la plus grande impatience : Madame de Terville n'apprit qu'avec fureur quelle étoit la cause de la rupture du mariage de sa fille. Après plusieurs injures adressées à M. de Valcy, elle dit à sa fille qu'elle pouvoit se préparer à sortir bientôt d'avec elle pour rentrer au Couvent, puisque personne ne vouloit d'elle. La pauvre enfant baissa des yeux humides, & ne répondit rien ; mais l'Abbé, outré de la façon dont sa sœur en usoit, après le tort qu'elle faisoit à sa niéce, la querella avec si peu de ménagement, qu'il fut heureux pour lui que le Peintre & le Secrétaire arrivassent en ce moment ; car cette terrible femme l'eût tué infailliblement avec un flambeau dont elle s'étoit saisie, & qu'elle lança contre lui : le Peintre le reçut à l'épaule, & en fut quitte pour une légere contusion.

L'Abbé de Prémur la menaça de ne plus revenir, & de lui faire rendre compte du bien de leurs pere & mere. Cette menace eut le ſecret de la calmer. Depuis la mort de Madame de Prémur, elle jouiſſoit de tous les revenus, à l'exception de quatre cents livres de penſion qu'elle faiſoit à l'Abbé, & qu'elle ne payoit qu'à regret : elle craignoit qu'il n'exigeât ſa part de ce que ſes freres leur avoient abandonné. L'Abbé en effet avoit envie de lui chercher chicane à ce ſujet, & de tâcher de donner à ſa niéce ce qui pouvoit lui revenir ; mais il renonça à ce deſſein.

Il ſe retira dans ſa chambre, où il ſe fit apporter à ſouper. Comme il ne vouloit pas partir ſans entretenir ſa niéce ; il épia le moment où elle remontoit chez elle. C'eſt en vain, ma chere enfant, lui dit-il, que vous eſpérez vivre avec votre mere ; vous voyez, par la ſcene que je viens d'eſſuier, ce qu'elle eſt capable de faire quand on la contrarie, ou qu'on lui dit ſes vérités : elle vient de vous faire manquer un mariage avantageux ; ne vous flattez pas de réparer par un autre ce fâcheux contre-tems ; perſonne ne vous épouſera qu'un homme maître de ſes volontés ; voyez ſi votre inclination vous porte vers le Cloître ; car il n'y a, tout conſidéré, que ce parti pour vous. Le ſort d'une vieille fille eſt l'ennui ou les écarts. Mais, mon oncle, répliqua Mademoiſelle de Terville, c'eſt donc une néceſſité de ſe donner des chaînes ? Il faut qu'une fille ſe marie ou qu'elle ſoit Religieuſe ? Oui, continua l'Abbé de Prémur ; une vieille fille qui s'obſtine à être ſage, prend infailliblement de l'humeur ; ſa cauſticité la fait haïr : & ſi ſa fortune eſt médiocre, elle eſt mépriſée ; on dit qu'elle n'a pas eu aſſez de mérite pour trouver un mari ; on prend même un prétexte pour attaquer ſa conduite.

Mademoiſelle de Terville qui avoit eu le cœur ſerré pendant toute la journée, donna un libre cours à ſes larmes; elle voyoit une alternative accablante. Etre Religieuſe : c'étoit le pis pour elle. Attendre un mari : ſon ſort étoit fort incertain. Enfin ne ſachant à quoi ſe réſoudre, elle répondit à ſon oncle qu'elle remettoit à la Providence à décider de ſa deſtinée. Il lui promit de lui écrire ſouvent ; & l'embraſſant avec tendreſſe, il ſe retira dans ſa chambre, dans le deſſein de partir le lendemain de grand matin.

Mademoiſelle de Terville, reſtée ſeule, fit de triſtes réflexions : ſon oncle étoit ſa conſolation : quand il fut parti, elle s'abandonna entiérement à ſa mélancolie ; ſon teint devint pâle ; ſes couleurs diſparurent ; & bientôt elle fut méconnoiſſable. Sa mere s'imagina qu'elle ne vivroit pas long-tems, & crut qu'il falloit lui rendre les derniers jours de ſa vie moins amers. Elle la traita avec plus de douceur, chercha même à lui procurer quelques amuſemens ; & croyant que la perte de ſon amant étoit la cauſe de ſa langueur, elle permit à quelques jeunes gens du voiſinage de venir à Prémur lui rendre des viſites,

La bonté de ſon tempérament & l'eſpece de liberté dont elle jouiſſoit, lui rendirent inſenſiblement la ſanté ; & Madame de Terville reprit ſa jalouſie & ſa mauvaiſe humeur. Le Peintre étoit devenu éperdûment amoureux de Mademoiſelle de Terville ; mais au lieu de ſe fâcher des extravagances qu'il faiſoit, ce furent elles qui lui rendirent entiérement la ſanté : elle s'en fit un amuſement ; mais bientôt cet homme devint ſi importun, qu'elle fut obligée de changer de ton avec lui, & de ſe priver encore de cette ſorte de diverſion.

Un matin la Duval, femme de chambre de ſa mere, entra chez elle, & lu dit que ſa maitreſſe la demandoit : elle y alla auſſitôt, & la trouva encore couchée. Lui ayant dit de s'aſſeoir à côté du lit : Je ne vous ai pas retirée du Couvent, continua-t elle, pour ne m'être bonne à rien ; je ſuis laſſe de tous les détails d'une maiſon ; il eſt tems que je vous en charge. Mademoiſelle de Terville répondit à ſa mere qu'elle ſe feroit toujours un devoir & un plaiſir d'obéir à ſes volontés ; & qu'elle alloit tâcher de faire de ſon mieux pour la ſatisfaire. Nous verrons, reprit Madame de Terville ; vous pouvez retourner chez vous ; la Duval vous inſtruira de ce que vous devez faire. Il faiſoit fort obſcur dans la chambre : il y avoit dans la ruelle du lit une piece de tapiſſerie à grands perſonnages : Mademoiſelle de Terville qui avoit été élevée par ſon ayeule, ou au Couvent, étoit peureuſe : elle s'imagina voir un des perſonnages de la tapisserie, remuer : en conséquence, après avoir fait un grand cri, elle s'évanouit. Sa mere, étonnée de son accident, appella du secours. On la fit revenir, & on la questionna sur le sujet de sa frayeur : elle dit ingénûment qu'elle avoit cru voir marcher un des hommes de la tapisserie ; mais, ce qui lui sembloit étrange, c'est que le personnage qu'elle avoit cru voir, lui sembloit habillé en partie, & que ceux qu'elle appercevoit alors étoient nuds & armés. Madame de Terville la gronda de ses visions, & la renvoya en riant de bon cœur de sa simplicité.

Cette aventure fit cependant faire des réflexions à Madame de Terville ; elle vit que sa fille alloit devenir un témoin fort gênant. Quoiqu'elle eût toujours eu des mœurs fort indécentes, elle avoit plus d'une fois senti le malheur de sa conduite, sans avoir pu se déterminer à en changer ; & quoiqu'elle eût toujours mal vécu, elle ne s'échappoit ni de propos ni d'actions devant sa fille. Cette remarque prouveroit qu'elle avoit plus de méchanceté que de penchant à la galanterie; & que les circonstances & le désœuvrement la déterminerent plutôt que son inclination. En général les femmes du caractere de Madame de Terville sont peu portées à des affections tendres, qui annoncent beaucoup de douceur & de bonté: leur penchant les porte au vice, & l'habitude les y retient.

Mademoiselle de Terville commençoit à s'ennuier de la vie qu'elle menoit à Prémur, & du lieu qu'elle habitoit. Figurez vous un vieux Château, dont les murs avoient cinq pieds d'épaisseur, les toits, les fenêtres & les portes presque en ruine; les vitres manquant partout: l'air enfin d'une terre en décret; des jardins immenses; de hautes charmilles, qui depuis plus de vingt ans n'avoient été taillées ; des allées à perte devue, dont l'herbe montoit jufqu'aux genoux, parce qu'on laiffoit croître le foin dont Madame de Terville tiroit un grand revenu. Pour augmenter le défordre de fes jardins, elle avoit fait fouiller fous terre pour ôter de longs canaux de plomb qui communiquoient à un grand vivier, lequel fourniffoit de l'eau à tous les environs. Les dedans du Château répondoient aux dehors ; des falles vaftes & élevées, la plûpart fans meubles, ou ceux qui reftoient, devenus fi antiques, qu'ils auroient prouvé, autant que la conftruction du château, l'ancienneté de la nobleffe de fes propriétaires ; il y avoit plufieurs chambres garnies de portraits de famille prefque effacés ; des boiferies à moitié détruites ; des tapifferies à grands perfonnages, effraians par leur laideur, & dont les couleurs ne pouvoient plus fe diftinguer ; des lits à colonnes ; des chaifes auxquelles il falloit des marche-pieds pour s'y aſſeoir. Que diroient nos meres, ſi elles voyoient leurs arriere-petites-filles à demi couchées ſur des fauteuils bas & renverſés? Il faut avouer que, ſi les femmes de notre tems ſont plus aimables, celles du tems jadis étoient incomparablement plus décentes ; & que les recherches ſur les commodités de la vie ont détruit les mœurs honnêtes & le maintien impoſant.

Le ſéjour de Prémur devenoit de jour en jour plus ennuieux à Mademoiſelle de Terville. La ſolitude dans laquelle elle vivoit, en étoit principalement la cauſe : fuyant le Peintre, elle ſentoit que l'homme d'affaires de Madame de Terville ne lui convenoit pas davantage pour ſa ſociété. L'indifférence de ſa mere augmentoit encore les déſagrémens de ſa vie ; elle avoit ſouvent eſſayé de lui plaire par des complaiſances, ſans pouvoir réuſſir : ſouvent il lui prenoit des tentations de retourner au Couvent; mais la crainte de s'expoſer aux humiliations qu'elle avoit déja éprouvées, lui faiſoit bientôt renoncer à cette réſolution.

Malgré ſa conduite ſage & retenue, ſa mere méditoit depuis quelque tems les moyens de s'en défaire; obligée de ſe contraindre ſans ceſſe, lui ayant fait manquer un établiſſement, craignant qu'elle ne lui devînt à charge; tout enfin la détermina à mettre le comble à ſes mauvaiſes intentions, par des procédés extraordinaires, & qu'elle ſeule étoit capable d'imaginer.

L'Abbé de Prémur écrivoit ſouvent à ſa niéce; il lui promettoit que, ſitôt qu'il auroit obtenu un bénéfice plus conſidérable que celui qu'il avoit, il la prendroit avec lui; il l'exhortoit à patienter juſqu'à ce moment. Il étoit pour lors à la campagne, & ne devoit revenir à Paris que quelques ſemaines après, eſpérant qu'avec le crédit d'une maiſon puiſſante, dont il dirigeoit le fils unique, il obtiendroit quelque bénéfice capable de ſuffire aux dépenſes que ſa niéce pourroit lui cauſer, & l'ôter à ſa marâtre, (c'eſt ainſi qu'il nommoit Madame de Terville) : mais la fortune en ordonna autrement, & il fut lui-même chargé d'autres ſoins.

Un jour Madame de Terville fit appeller ſa fille : après lui avoir fait un long préambule ſur la néceſſité de chercher les occaſions de ſe procurer un mari, qui ne ſe trouveroit pas pour elle en reſtant à Prémur, elle finit ſon diſcours en l'exhortant à profiter des circonſtances. Je vous envoye à Paris, ajoûta-t-elle, chez une Dame de condition, qui m'a promis de vous placer auprès d'une Princeſſe : ſongez que c'eſt dans ces maiſons qu'on eſt à portée de faire de bonnes connoiſſances : ſoyez aſſez adroite pour en profiter ; & ſurtout n'allez pas étaler votre morale de Couvent qui ne plaît point à tout le monde : je vous donne jusqu'à demain pour vous préparer à votre voyage : car après-demain il faut que vous partiez ; votre place est arrêtée au carrosse d'Amiens..

Mademoiselle de Terville fut fort surprise de la brusque proposition de sa mere ; mais elle n'en fut pas fâchée : son peu d'expérience l'empêchoit d'appercevoir qu'en quittant la maison de sa mere, elle alloit être exposée à de nouveaux dangers. Elle crut bonnement tout ce qu'elle lui dit ; l'idée de sortir d'avec elle, & de vivre auprès d'une Dame dont elle se promettoit de captiver les bonnes graces, lui faisoit par avance regarder cette situation comme le comble de la félicité. Elle apprit à ses dépens qu'il ne faut compter que sur ce qu'on possede ; & que sa mere, qui l'avoit trompée tant de fois, pouvoit bien l'abuſer encore. Elle prépara ſon paquet ; prit l'argent que ſon amie lui avoit donné. N'ayant pas eu occaſion de le dépenſer, elle l'avoit gardé précieuſement, & fort heureuſement pour l'uſage qu'elle en devoit faire, & qu'elle n'avoit eu garde d'imaginer. Le lendemain au ſoir ſa mere lui donna quelques bagatelles ; lui fit un diſcours aſſez ſenſé, lui dit très-poſitivement qu'elle ne devoit plus compter ſur elle, & l'embraſſa en lui ſouhaitant bien du bonheur.

Après la conduite que Madame de Terville a ſuivie, on ne doit point être étonné de ce dernier trait, & de la tranquillité qu'elle conſerva dans une occaſion qui auroit mis la déſolation dans l'ame de toute autre mere. Voilà donc Mademoiſelle de Terville jeune & charmante, abandonnée à ſa conduite, & encore une fois expoſée dans une voiture publique aux aventures aſſez communes dans ces ſortes de routes ; mais par bonheur, les perſonnes qui ſe trouverent dans le carroſſe ne pouvoient avoir de mauvaiſes intentions. Il n'étoit occupé que par un bon Religieux Cordelier, vieux & diſcret ; & une Sœur-Griſe très-réguliere, qui alloit à Paris par les ordres de ſes Supérieures : elle fit beaucoup de queſtions à Mademoiſelle de Terville, qui ne répondit que par monoſyllabes. Le Religieux & la Sœur-Griſe jugerent par la façon modeſte & ſimple dont elle étoit vêtue, qu'elle venoit à Paris pour chercher condition. Le Cordelier étoit Directeur de pluſieurs Dames ; il offrit à Mademoiſelle de Terville de s'emploier pour la placer. Elle ſoupira à ce diſcours, & répondit qu'elle étoit recommandée à une amie de ſa mere, qui devoit prendre ſoin d'elle. Le Religieux lui donna ſon nom & celui de ſon Couvent, en lui diſant d'un ton bruſque que, ſi elle avoit affaire de lui, elle le trouveroit.

Les trois jours qu'elle fut en route, elle ne quitta pas la Sœur-Grise; arrivée à Paris, elle prit un fiacre, y emballa ses paquets, & se fit conduire chez Madame de Vaury, qui est la personne à qui sa mere l'avoit adressée, & qui étoit prévenue de son arrivée. Cette Dame la reçut fort bien; mais au lieu de trouver l'air d'opulence auquel Mademoiselle de Terville s'étoit attendue, elle ne remarqua qu'un logement fort simple. Quoiqu'elle n'eût pas beaucoup d'usage du monde, & que le Château de Prémur fut meublée d'une façon antique, il n'étoit pas sans noblesse. Elle fut forcée de faire des comparaisons: elle se voyoit dans une rue obscure, dans une maison sale, comme elles le sont toutes, quand il y demeure plusieurs locataires. Après avoir vécu toute sa vie à la campagne, respirant un air pur, parcourant des jardins ou des endroits riants, elle ſe trouva tout-à coup renfermée dans une eſpece de priſon, où l'on ne jouiſſoit de la lumiere que deux heures dans la journée. Le bruit des voitures, les cris des rues, la malpropreté, tout l'étonnoit, l'étourdiſſoit, & la dégoûtoit au point que le lendemain de ſon arrivée, elle regretta la ſolitude de Prémur, malgré les duretés de ſa mere, & le peu d'agrément qu'elle y avoit eu.

Madame de Vaury laiſſa à ſa nouvelle hôteſſe le tems de ſe reconnoître, avant de lui faire des queſtions ſur les deſſeins qui l'amenoient à Paris. Elle prit d'abord ſoin de lui procurer ce qui lui étoit néceſſaire, lui prépara un petit lit dans un cabinet, qui faiſoit, avec une chambre aſſez grande, tout ſon appartement. Reſtée veuve d'un Officier, elle n'avoit qu'un fils dans le ſervice ; elle s'épargnoit tout pour ſoutenir ce fils avec honneur. Quatre cents livres de penſion

& environ autant de ſon bien, formoient toute ſa fortune : il n'étoit pas poſſible qu'elle pût garder Mademoiſelle de Terville avec elle, à moins que ſa mere ne voulût lui payer une penſion convenable ; & c'eſt ſur quoi elle ne comptoit gueres, vu la lettre qu'elle lui avoit écrite.

Madame de Vaury tâcha de faire bonne chere à Mademoiſelle de Terville, & d'éloigner d'elle les idées triſtes qui ſembloient l'occuper, en lui parlant des beautés de Paris. A ces détails Mademoiſelle de Terville jettoit un coup d'œil ſur les objets qui l'entouroient, & ſembloit, par ſon ſilence, marquer qu'elle auroit peine à ſe perſuader qu'une ville qui contenoit de ſi vilaines rues & d'auſſi triſtes maiſons, pût avoir des quartiers brillans, & des bâtimens magnifiques. Le ſouper ſe paſſa de la part de Madame de Vaury à faire des deſcriptions, &, de celle de Mademoiſelle de Terville, à faire des questions ou des remarques sur ce qu'elle avoit apperçu de Paris : elle se rappelloit seulement le Jardin des Tuileries. Son aventure du Pont Royal étoit trop bien gravée dans sa mémoire pour qu'elle eût perdu le souvenir des lieux où elle s'étoit passée.

Le lendemain en déjeûnant Madame de Vaury commença à entrer en quelque explication. Je sçais, lui dit-elle, les intentions de Madame de Terville ; mais j'ignore les moyens de vous rendre service. Quoi ! Madame, demanda Mademoiselle de Terville, vous n'avez pas promis à ma mere de me placer auprès d'une Princesse ? Vous n'avez pas la parole de cette Dame ? Ah ! la fourbe, s'écria Madame de Vaury, elle vous a trompée, ma chere enfant ; jamais je n'eus d'accès auprès d'aucune Dame de ce rang ; & je vois bien qu'elle vouloit se défaire de vous à quelque prix que ce fût ; mais il vaut encore mieux que vous ſoyez ici, que d'être expoſée tous les jours à être maltraitée ou renvoyée, ſans ſavoir où vous devez aller. Je n'en ſuis gueres plus avancée, reprit en ſoupirant Mademoiſelle de Terville; je n'ai plus d'eſpérance qu'en un oncle, qui ne m'abandonnera pas; je lui écrirai demain ma nouvelle ſituation, & il fera pour moi ce que ma mere ne veut pas faire : ne vous inquiétez pas, Madame, continua-t-elle, je ne vous ſerai point à charge. Elle lui diſoit ceci, parce qu'elle s'étoit apperçue que cette Dame étoit inquiette. Je vous avouerai, répliqua Madame de Vaury, que ma fortune eſt bien médiocre, & que je craindrois que vous ne fuſſiez pas à votre aiſe en vivant avec moi : mais pour peu que vous ſoyez aidée, & que vous vous contentiez de la médiocrité, je ſerois bien ravie de vous donner mes ſoins. Et moi, reprit Mademoiſelle de Terville, je ferai tout mon poſſible pour les mériter;

& j'eſpere que je me conduirai de façon que vous n'aurez aucuns reproches à me faire.

Plus Madame de Vaury conſidéroit ſa jeune hôteſſe, & plus elle étoit ſurpriſe des procédés de ſa mere. Il faut qu'elle ait bien peu d'ame, continuoit-elle, pour abandonner ainſi une auſſi charmante fille : mais Dieu & votre vertu y pourvoiront : j'eſpere qu'il ſe préſentera quelque occaſion honnête pour votre fortune. Qui ſçait ſi vous n'aurez pas un jour lieu d'être ſatisfaite des ſujets qui font à préſent votre déſolation ? La Providence conduit ſouvent au bonheur par des routes tout-à-fait oppoſées : ainſi, ma chere enfant, prenez courage ; vous avez le tems d'attendre les événemens : s'ils ne ſont pas heureux, ils ne peuvent jamais être bien fâcheux en ſuivant la vertu.

Mademoiſelle de Terville prit beaucoup de confiance en Madame de Vaury ;

ry ; elle lui apprit des circonſtances de la vie de ſa mere, qu'elle ignoroit ; cette honnête perſonne en fut indignée. Quelle femme, s'écrioit-elle quelquefois ! j'entrevois des choſes que votre peu d'expérience vous empêche d'imaginer : ſon mari l'a quittée, dites-vous, auſſitôt votre naiſſance ? il n'a pas voulu revenir ni prendre ſoin de vous ? quel myſtere ! que la conduite de M. de Terville dit de choſes contre elle, & vous donne peu d'eſpérance ! Après avoir rêvé un moment : non, vous ne devez rien eſpérer de lui ; & les tentatives ſeroient inutiles. Mon oncle m'en a dit autant, reprit Mademoiſelle de Terville ; je voulois faire un voyage en Auvergne, pour eſſayer de l'attendrir ſur mon ſort. Non, répliqua Madame de Vaury, il n'y faut plus penſer; vous n'avez que vous, votre vertu & vos diſpoſitions pour vous procurer un établiſſement : malheureuſement la ſageſſe d'une fille eſt aujourd'hui comptée pour rien : quand cette fille peut faire oublier par sa fortune les écarts dans lesquels elle est tombée, elle trouve toujours des maris ; mais quand on n'a, comme vous, Mademoiselle, que des charmes & beaucoup de sagesse, il faut se résoudre à passer sa vie assez tristement ; car à la honte des hommes, il est rare que le mérite d'une fille soit récompensé : on en voit se lasser d'être sage, s'appercevant que leur vertu ne leur procure rien ; cependant il y en a peu qui ne se repentent d'avoir quitté la vertu : c'est une grande consolation de n'avoir pas contribué par sa mauvaise conduite à ses infortunes : il est au contraire bien douloureux de ne pouvoir se rendre ce témoignage. Si votre mere eût été vertueuse, elle jouiroit dans le sein de sa famille d'un destin peut-être digne d'envie, que vous partageriez avec elle : il faut tâcher de réparer vous seule les désordres de sa vie, & les malheurs qu'elle vous a causés.

Quoique Mademoiselle de Terville eût peu d'expérience, elle ne pouvoit se dissimuler que la route que sa mere avoit suivie n'étoit pas celle de la vertu; elle rougissoit des vérités que Madame de Vaury lui faisoit entrevoir; souvent elle étoit tentée de lui faire des questions sur beaucoup de choses qu'elle ignoroit, & dont elle eût voulu s'instruire: elle avoit entendu parler de femmes galantes comme d'animaux extraordinaires qu'elle ne connoissoit pas. Elle n'eût pas été si ignorante, si elle eût vécu dans notre tems; elle se seroit sans doute familiarisée de bonne heure avec des personnes & des idées trop communes; & quoique Madame de Terville ne fût rien moins que scrupuleuse, elle avoit toujours gardé dans ses discours & sa conduite, beaucoup de circonspection devant sa fille; c'est cette gêne qui l'avoit déterminée à l'éloigner d'elle.

Leur conversation tomboit naturellement sur Madame de Terville ; c'étoit une ample matiere à leurs réflexions : plusieurs jours se passerent de cette maniere, sans que Mademoiselle de Terville voulût sortir de sa maison ; elle attendoit impatiemment la réponse de son oncle, pour savoir à quoi se déterminer : elle eût préféré de rester avec Madame de Vaury, plutôt que de rentrer au Couvent ; & elle craignoit que son oncle ne l'obligeât à y retourner. Il étoit aussi régulier que sa sœur étoit indécente ; & il n'eût pas laissé sur sa bonne foi une personne jeune & aimable au milieu des dangers de Paris ; mais les circonstances servirent mieux les deux Dames, qu'elles ne l'avoient espéré. L'Abbé de Prémur, en quittant sa sœur, s'étoit attaché au fils d'une Dame de qualité, de la conduite duquel il s'étoit chargé ; & craignant que son nom ne lui fît tort, il avoit caché ſoigneuſement celui de Prémur, & avoit pris celui de l'Abbé de Ligny, petit fief qui leur appartenoit : il écrivit à ſa niéce toutes ces circonſtances, en lui faiſant tenir une ſomme aſſez modique, qu'il avoit donné ordre de lui remettre. Il étoit pour lors en Dauphiné ; & il lui manda qu'il ne comptoit pas retourner à Paris de ſitôt, parce qu'il croyoit être obligé d'accompagner le jeune Marquis de M.. en Italie.

Mademoiſelle de Terville montra cette lettre à ſa nouvelle amie, qui en parut ſatisfaite : elle voyoit avec plaiſir que les ſecours que Mademoiſelle de Terville tireroit de ſon oncle, & peut-être de ſa mere, ſuffiroient pour ſa dépenſe : auſſi ne fut-il plus queſtion que de régler le genre de vie qu'elles meneroient. La fortune de Madame de Vaury ne lui permettoit pas de vivre dans le monde ; ce monde, qui ne meſure le mérite d'une femme, que sur le nombre des valets qu'elle traîne après elle, ne pouvoit pas lui convenir. Elle avoit sa sorte de vanité, aimant mieux la frugalité chez elle, que de jouir de l'opulence chez des gens qui, en la comblant de politesses, se seroient vengés, en l'humiliant, des avantages qu'elle possédoit & qu'ils n'avoient pas. Elle vivoit donc fort retirée, ne voyant que quelques amis qui ne pouvoient rien entreprendre sur la liberté de Mademoiselle de Terville, encore moins sur son cœur. De son côté Mademoiselle de Terville s'accoutuma insensiblement au séjour de Paris. Occupée à des ouvrages de broderie ou à dessiner, ses jours passoient fort rapidement : le soir les deux Dames s'entretenoient ; & Madame de Vaury, qui prenoit de plus en plus de l'amitié pour Mademoiselle de Terville, ne cherchoit qu'à lui procurer par ses attentions & la douceur de son commerce, une vie agréable : elle l'inſtruiſoit ſur différens ſujets ; elle cherchoit à lui inſinuer de la défiance pour les hommes, ſans les lui rendre odieux. Cette derniere méthode eſt auſſi dangereuſe qu'une éducation trop libre.

Les hommes, lui diſoit cette honnête perſonne, ne ſont ni méchans ni perfides, que l'on ne ſe ſoit mis dans le cas de dépendre d'eux ; ils ſont toujours ſoumis quand ils craignent : les femmes devroient faire avec eux comme les Princes font avec leurs favoris ; proportionner leurs faveurs ſur le beſoin qu'elles ont d'eux, en les mettant toujours dans le cas de ſe ſoumettre à leurs caprices. Quand un homme ſe croit néceſſaire, il ne tarde pas à le faire ſentir ; & il eſt ſi humiliant, ma chere fille, de tenir tout d'un homme ; il en eſt ſi peu d'aſſez généreux pour nous ſavoir gré de ce que nous faiſons pour eux, qu'il faut plutôt préférer un mari au-deſſous de nous, honnête & laborieux, qu'un amant qui peut nous faire la plus brillante fortune. C'eſt par de ſemblables diſcours que Madame de Vaury fortifioit les heureuſes diſpoſitions de Mademoiſelle de Terville, & lui donnoit une idée juſte de la conduite des hommes, & une défiance fondée ſur l'expérience.

Cependant Mademoiſelle de Terville devint rêveuſe. La vie ſédentaire & la triſteſſe du logement qu'elle habitoit, lui donnerent une mélancolie qui allarma Madame de Vaury. Pour tâcher de la diſſiper, elle lui propoſa différentes promenades : les Tuileries étoient la ſeule qui lui fît plaiſir. Ces deux Dames y alloient ſouvent, choiſiſſant les endroits les plus écartés, & les heures où il y avoit fort peu de monde. Avec ces précautions, elles ſe croyoient en ſûreté contre toutes les aventures. Il n'y a d'ordinaire dans les jardins publics depuis deux heures jusqu'à quatre, que des personnes qui ne dînent point, ou qui ont dîné; quelques Poëtes, des gens à projets, quelques femmes qui doivent inspirer encore plus de compassion que de mépris. Toutes ces especes de gens ne font pas la meilleure compagnie de Paris; mais il importoit peu pour ces Dames, qui ne se rendoient dans le jardin que pour y marcher, respirer un air pur, & jouir des objets les plus agréables, dont ce lieu est rempli, qu'il y eût un monde plus choisi. La simplicité de leur ajustement n'étoit pas propre à les faire remarquer, si Mademoiselle de Terville n'avoit pas eu une figure à n'être pas cachée long-tems. Elles s'entretenoient sur un banc, quand il passa devant elles un homme d'environ quarante-cinq ans, qui, s'arrêtant d'un air surpris, & considérant attentivement Mademoiselle de Terville, revint plusieurs fois sur ses pas, & fit la même chose à tous les tours. Madame de Vaury qui s'en impatienta, & qui craignit que cet homme ne fût un de ces libertins dont il ne manque pas à Paris, prit Mademoiselle de Terville sous le bras, & l'engagea à tourner dans une autre allée. Cet homme les suivit avec tant d'opiniâtreté, qu'elles furent enfin obligées de sortir des Tuilleries, & de prendre le premier fiacre qu'elles rencontrerent. Elles arriverent chez elles, fort intriguées de l'importunité de cet inconnu, qui leur parut un Officier par la maniere dont il étoit vêtu; & elles crurent en être quittes.

Pour empêcher toute curiosité & bien des inconvéniens, Madame de Vaury avoit dit à ses connoissances que Mademoiselle de Terville étoir sa fille, & ne l'appelloit plus que de ce nom. L'Abbé de Prémur leur avoit servi d'exemple; & puisqu'il craignoit d'être connu sous son véritable nom, Mademoiselle de Terville avoit encore plus de mesures à garder, puisqu'elle avoit fait une cruelle expérience de ce qu'elle devoit attendre de la réputation de sa mere : ainsi tout la fortifia dans la résolution d'éviter avec soin d'être connue sous son véritable nom.

Il y avoit environ quinze jours qu'elle n'avoit retourné aux Tuilleries, quand Madame de Vaury lui proposa d'y aller. La premiere personne qu'elles y rencontrerent fut le même homme qui les avoit suivies si constamment. Pour cette fois, il fut plus hardi : ne pouvant résister à l'envie de s'éclaircir de ce qu'il desiroit savoir, il les aborda respectueusement, en leur demandant si la jeune Demoiselle n'étoit pas Mademoiselle de Terville. Madame de Vaury lui répondit poliment qu'il se trompoit ; que cette jeune personne étoit sa fille. Madame, reprit l'Officier, je vous demande pardon ; mais Mademoiselle ressemble si fort à une femme que j'ai connue autrefois particulièrement, que cette ressemblance a été cause, il y a quinze jours, de mon importunité, en cherchant les occassions de m'expliquer : je vous prie de m'excuser, continua-t-il, en arrêtant toujours les yeux sur Mademoiselle de Terville, qui en étoit confuse. Les Dames fatiguées de son obstination à rester vis-à-vis d'elles, se leverent ; & le saluant, se préparoient à tourner leurs pas d'un autre côté. L'Officier ne pouvant se resoudre à s'en séparer, essaioit encore par ses questions embarrassantes, à les forcer de s'arrêter, lorsqu'un jeune homme magnifiquement vêtu passa près d'elles, & fixa Mademoiselle de Terville, qui, rougissant, tremblante, saisie, s'approcha d'un banc où elle s'assit, en le priant de ne la point nommer. M. de Valcy (car c'étoit lui) lui balbutia un compliment, qui marquoit en même tems sa joie de la revoir, & le trouble qui l'agitoit.

Madame de Vaury & l'Officier étoient restés vis-à-vis d'eux fort étonnés de l'aventure ; mais craignant que le jeune homme qu'elle voyoit ne nommât des gens qu'il étoit important de cacher, elle pria l'Officier de vouloir bien les laisser libres ; ce qu'il fit d'un air consterné. Il ne s'éloigna cependant pas assez pour les perdre de vue ; car il résolut, au cas que l'homme brillant les quittât, de les suivre, & de faire tout au monde pour apprendre leur nom & leur demeure.

Mademoiselle de Terville instruisit en peu de mots M. de Valcy de tout ce qui lui étoit arrivé depuis qu'elle ne l'avoit vu. Il lui jura qu'il n'avoit jamais cessé de l'aimer ; qu'il lui en avoit donné une preuve en refusant plusieurs partis que son pere lui avoit proposés. Je renonce au mariage, ajoûta-t-il, à moins que ce ne soit avec vous. Mademoiselle de Terville étoit grande & bien formée depuis qu'il ne l'avoit vue : ſa beauté étoit dans tout ſon éclat : la vie ſédentaire qu'elle menoit à Paris lui avoit rendu toute la délicateſſe de ſon teint, que le grand air de la campagne avoit bruni. Monſieur de Valcy reprit pour elle la paſſion la plus vive, & réſolut de s'en aſſurer la poſſeſſion à quelque prix que ce fût. Il forma peut-être le deſſein criminel de la ſéduire par ſes libéralités : dans la triſte ſituation où elle ſembloit être, il ſe promettoit beaucoup de facilité : il ſoupçonna meme Madame de Vaury de pouvoir entrer dans ſes projets iniques. Que l'indigence traîne à ſa ſuite d'inconvénients & d'humiliations !

Il propoſa aux Dames de les reconduire : Madame de Vaury refuſa abſolument, en lui diſant que la magnificence de ſes habits & ſans doute de ſon équipage, ſeroient remarquée dans la maiſon obſcure où elles logeoient, &

que ſa viſite ſeroit mal interprétée. Elle conſentit à le recevoir, à condition qu'il viendroit ſimplement vêtu, & ſans carroſſe. Il approuva ces précautions, promit aux Dames de n'être pas long-tems ſans les voir, & les quitta avec les démonſtrations de la joie la plus vive. Mademoiſelle de Terville raconta à ſon amie ſon hiſtoire avec M. de Valcy. Cette Dame crut qu'il pourroit reprendre le deſſein qu'il avoit eu d'épouſer Mademoiſelle de Terville : dans cette penſée elle conſentit volontiers aux viſites qu'il promit de leur rendre, & qui devinrent dans la ſuite très-fréquentes.

Une fille de province peut être fiere d'avoir ſubjugué un homme en habit brodé, & dont les valets ſont galonnés. Mademoiſelle de Terville fut flattée d'avoir retrouvé ſon ancien amant dans un auſſi brillant équipage : dans le cas où elle étoit, la vanité tient lieu de ſentimens ; & une fille s'y trompe quelquefois. Mademoiſelle de Terville dédaigna l'Officier qui l'avoit ſuivie, parce qu'il n'annoncoit rien : il lui falloit plus d'expérience du monde, pour ſe déterminer par d'autres raiſons que l'apparence, & diſtinguer l'homme de mérite ſimplement vêtu, d'avec un fat décoré de tout l'attirail d'une grande fortune.

L'Officier n'avoit point perdu de vue les deux Dames. Ayant apperçu que M. de Valcy les avoit quittées, il vint à elles, les ſalua poliment, & prit le même chemin qu'elles. Voulant encore s'en débarraſſer, elles monterent dans un fiacre, à qui Madame de Vaury dit d'aller dans un autre quartier que le ſien. Fort ſatisfaites de dépayſer cet importun, & d'avoir rencontré M. de Valcy, elles bâtirent toute la ſoirée des châteaux en Eſpagne, pour l'établiſſement de Mademoiſelle de Terville, à qui l'eſpérance donnoit un enjouement qui la rendoit charmante.

Le lendemain M. de Valcy ſe rendit chez elles, comme il l'avoit promis, modeſtement vêtu, ſans ſuite & ſans carroſſe. Cette entrevue lui rendit toute ſa paſſion, ou plutôt elle prit une nouvelle vivacité. Il eût bien deſiré entretenir Mademoiſelle de Terville en particulier; mais ſa fidelle amie ne la quitta point. Il fit quelques queſtions ſur la ſituation de ces deux honnêtes perſonnes, en jettant un coup d'œil ſur Mademoiſelle de Terville, qui lui parut fort contente du triſte logis de ſon hôteſſe. Il n'oſa pouſſer plus loin ſa curioſité, quoiqu'il jugeât de la modique fortune de Madame de Vaury, & qu'il en conçût des eſpérances peu favorables à la vertu de cette Dame. Mademoiſelle de Terville n'avoit pas voulu lui dire de quelle maniere ſa mere l'avoit envoyée à Paris : elle ſe contenta de lui apprendre qu'elle l'avoit confiée aux ſoins de Madame de Vaury, pour la placer auprès d'une Dame du plus haut rang ; qu'en attendant elle resteroit chtz elle, pour y puiser les sentimens & l'éducation qui lui manquoient. Monsieur de Valcy n'écouta pas sans émotion des arrangemens & des projets qui s'opppsoient si fort à ses vues. Il représenta les inconvéniens qui se rencontroient dans l'état qu'elle comptoit embrasser : il fit entrevoir mille difficultés à trouver une Dame qui voulût se charger d'une jeune & jolie personne, sans autre condition que celle de lui tenir compagnie. M. de Valcy avoit raison : à la honte de n[illegible] sexe, il y a peu de femmes de qualité qui veuillent faire la plus belle œuvre, en tirant de la misere, & sauvant des piéges du vice, des filles aimables, à qui toutes les ressources honnêtes sont ôtées ; mais les femmes élevant leurs filles loin d'elles, ne se chargeront point d'étrangeres, dont les charmes les effaceroient ou les inquiéteroient. Cependant combien de mérite & de grandeur à protéger la vertu ! car je suppose qu'une jeune personne, placée dans l'état dont il s'agit, eût une conduite conforme aux bontés de sa bienfaitrice.

Madame de Vaury pensoit bien : sa probité étoit à l'épreuve de toutes les tentations, ou plutôt elle n'en pouvoit avoir de contraires à l'honneur ; mais elle ne prévoyoit rien : n'ayant jamais trompé personne, ne l'ayant jamais été, elle ne pouvoit imaginer qu'un homme qui avoit recherché une fille en mariage, l'ayant trouvé digne d'être sa femme, pût concevoir la pensée de la séduire, surtout ne pouvant lui faire aucuns reproches : cependant M. de Valcy ne se conduisit pas avec la bonne-foi dont elle le croyoit capable. Il vint d'abord avec assiduité ; souvent il étoit rêveur, impatient ; & sous quelques prétextes il se retiroit, après avoir été peu de tems auprès de Mademoiselle de Terville, qui ne comprenoit rien à ſa conduite. Il ſe laſſa enfin d'avoir une ſurveillante attachée ſur ſes pas ; & ne pouvant ſe contraindre plus long-tems, il s'expliqua avec Mademoiſelle de Terville. La liberté dont il avoit joui à Prémur, lui ſervit de prétexte : il ſe plaignit tendrement de la contrainte où il étoit. Mademoiſelle de Terville lui répondit naïvement qu'elle ne ſe trouvoit pas gênée de la préſence de Madame de Vaury ; qu'il devoit être de même, ayant toujours des intentions honnêtes. Il répondit qu'il n'avoit jamais ceſſé de l'aimer & de l'eſtimer ; qu'elle ſavoit les raiſons qui l'obligeoient de cacher à ſon pere ſa perſévérance dans un attachement qu'il déſapprouvoit : puis jettant un coup d'œil pitoyable ſur le logement de Madame de Vaury, il eſſaioit de la dégoûter d'une demeure qui lui paroiſſoit peu conforme à ſes projets : il ne voulut pas ce jour-là en dire davantage, voyant que Mademoiselle de Terville paroissoit fâchée de ses tentatives.

Elle avoit accepté beaucoup de bagatelles qui parurent sans conséquence à Madame de Vaury. S'adressant à cette Dame pour tâcher de la déterminer à changer d'appartement, il lui insinua avec adresse qu'il ne pouvoit de longtems faire entendre raison à son pere; qu'un jour viendroit où il pourroit se livrer à son inclination; qu'en attendant il falloit vivre ensemble un peu plus librement; que sa fortune étant plus grande que la sienne, il étoit tout simple qu'il suppléât à ce qui leur manquoit. Madame de Vaury rejetta bien loin des propositions qui blessoient sa délicatesse. Désespérant de vaincre ses scrupules, il se tourna entiérement du côté de Mademoiselle de Terville, à qui il conseilla de quitter son estimable hôtesse. Ce fut alors qu'elle commença à soupçonner que ses intentions n'étoient pas aussi pures qu'il les avoit eues un an auparavant : elle dit ce qu'elle en pensoit à Madame de Vaury, qui rêva quelques momens, & lui demanda ensuite si elle aimoit M. de Valcy ? Je ne sçais, répliqua Mademoiselle de Terville ; ce que j'ai lu dans les Romans ne ressemble en rien à ce que je pense de lui : je vois M. de Valcy avec plaisir ; mais quand il ne vient point, je n'en suis pas fâchée ; je n'ai même aucune impatience de le voir : quand il me quitta il y a un an, j'étois plus piquée que chagrine de son changement ; & depuis que je soupçonne sa franchise, j'éprouve des mouvemens d'indifférence qui ne tarderont point à me le faire haïr ; mais peut-être me suis-je trompée, ajoûtoit-elle ; il veut sans doute éprouver ma vertu. Son incertitude, ma chere amie, répliqua Madame de Vaury, seroit injurieuse ; & il ne mériteroit pas votre estime, s'il avoit pu concevoir le moindre ſoupçon ; mais une choſe me raſſure ; je vois qu'il n'a point touché votre cœur : il eſt aiſé de réſiſter aux inſinuations d'un homme qui nous eſt indifférent ; mais la paſſion change ſouvent juſqu'aux meilleurs principes : que de femmes qui, croyant ne jamais ceſſer d'être vertueuſes, ont donné dans les plus grands travers avec un penchant trop tendre ? Heureuſement votre vertu, & plus encore votre tranquillité, vous ſauveront de bien des dangers.

Elles furent pluſieurs jours ſans voir M. de Valcy ; Madame de Vaury en fut ſurpriſe, & crut qu'il étoit malade : il l'étoit en effet d'eſprit, puiſqu'il flottoit ſans ceſſe dans une incertitude cruelle : ſes intentions avoient changé pour Mademoiſelle de Terville ; voyant une impoſſibilité de l'épouſer de l'aveu de ſon pere, il prit la coupable réſolution d'employer tous les moyens de la ſéduire.

Madame de Vaury l'embarraſſoit, ne voyant que ſa ſéparation d'avec Mademoiſelle de Terville, qui pût donner quelque fondement à ſes eſpérances : il connoiſſoit toute la fermeté de cette Dame, & croyoit Mademoiſelle de Terville touchée de ſa paſſion : dans cette perſuaſion il comptoit à la fin ſur ſa foibleſſe : il ne chercha plus que l'occaſion de lui parler ſans ſa ſurveillante. Ayant mis depuis pluſieurs jours quelqu'un en ſentinelle pour épier le moment où Madame de Vaury ſeroit ſortie, le quatrieme jour il ſçut qu'elle n'étoit pas chez elle, & il s'y rendit peu de tems après. Son premier ſoin fut d'écarter une ſervante à qui il donna quelques commiſſions. Mademoiſelle de Terville ne ſoupçonnant rien de ſes intentions, lui fit des reproches obligeans ſur ſon abſence.

Les mauvaiſes intentions donnent je ne ſçais quoi de ſombre à la phyſionomie.

mie. M. de Valcy n'avoit point sa sécurité ordinaire ; il étoit triste & pensif : Mademoiselle de Terville lui en demanda la raison. C'est vous, lui dit-il, qui faites le trouble de ma vie ; c'est votre obstination, puisqu'il faut le dire, qui me fera mourir : peut-on aimer, continuoit-il, & faire le malheur de ce qu'on aime ? Quoi ! reprit Mademoiselle de Terville ; que signifie ce langage ? Croyez-vous, répliqua M. de Valcy, que je ne sois pas mortellement jaloux de la confiance que vous donnez à votre amie, qui me juge sur la plûpart des hommes qui n'ont ni bonne foi ni constance ? Qu'elle est loin, Mademoiselle, de connoître la force de ma passion, la droiture de mon cœur, & la solidité de mes résolutions ! Je vous estime beaucoup, lui dit Mademoiselle de Terville ; mais vous avez tort de vous plaindre de la confiance que j'ai en Madame de Vaury ; je ne mériterois pas les sentimens que vous avez pour moi, ſi je n'avois pour cette Dame la plus parfaite amitié : ſon expérience ſupplée à celle qui me manque ; ſes conſeils ſont le ſoutien de ma conduite & les guides que je ſuivrai toujours. J'avoue, reprit M. de Valcy, que je la crois très-eſtimable ; mais encore une fois elle ne ſçait pas ſe prêter aux circonſtances : ſa ſévérité lui fait voir des monſtres pour les combattre : elle n'a jamais eu de penchant pour perſonne, & nous juge ſur ſa froideur, ne voulant pas conſidérer que je ne peux vous épouſer avec les formalités ordinaires. Mais, ma chere de Terville, continua-t-il en ſe jettant à ſes pieds, il eſt des meſures à prendre auxquelles vous conſentiriez ſi je vous étois plus cher, ou plutôt ſans votre cruelle confidente qui ruine votre bonheur & le mien. Si vous avez quelque arrangement décent & convenable à me propoſer, reprit Mademoiſelle de

Terville, parlez; elle ſera la premiere à me conſeiller d'y acquieſcer. Mais, continua M. de Valcy en ſerrant tendrement les mains de Mademoiſelle de Terville, nous pourrions, par un mariage ſecret, mettre votre conſcience en ſûreté. Mademoiſelle de Terville, croyant que ces ſortes de mariages étoient légitimes, lui répondit avec douceur & reconnoiſſance, mais ne voulut rien lui promettre qu'elle n'eût conſulté Madame de Vaury. Il eſſaia de lui perſuader de garder le ſecret; mais elle lui répondit fermement qu'il ne devoit rien craindre de ſon indiſcrétion; qu'elle ſeroit la premiere à approuver ſon deſſein, s'il pouvoit être conforme à la décence & à ſon avantage. Cette réponſe le rendit rêveur. Peu de tems après, Madame de Vaury étant revenue, il prit congé des Dames & ſortit.

Mademoiſelle de Terville n'eut rien

de ſi preſſé que de conter à ſon amie tout ce que M. de Valcy venoit de lui dire. Gardez-vous bien, ma chere enfant, reprit Madame de Vaury, d'écouter de pareils projets : cet homme ne cherche qu'à ſurprendre votre crédulité : ces ſortes de mariages, ſans aveu de parens, & ſans les formalités néceſſaires, ſont regardés comme un commerce de galanterie, qui ne peut tout au plus que pallier une conduite équivoque de la part de celles qui ont eu aſſez de foibleſſe ou de crédulité pour haſarder leur réputation, & quelquefois leur bonheur, en vivant avec un homme à l'ombre d'un mariage clandeſtin : le moins qui puiſſe en arriver, c'eſt d'avoir un jour un procès fameux avec des héritiers, afin d'obtenir une penſion alimentaire pour des enfans bâtards. Ha! mon Dieu, que me dites vous, repliqua vivement Mademoiſelle de Terville? Quoi! un mariage contracté dans la bonne foi n'eſt pas bon ? Non, reprit Madame de Vaury ; dans ces pays-ci les loix ſont extrêmement ſéveres par rapport aux formalités ; & je ne crois pas que vous veuillez vous mettre dans le cas de tenir à vos fautes, ſi vous en faiſiez de cette nature : les hommes ne ſont pas tous conſtans ; ils font ſouvent acheter bien cher les procédés honnêtes qu'ils ont pour nous ; il vaut mieux ne ſe confier à aucun que par les voies les plus ſûres. Quoi ! reprenoit Mademoiſelle de Terville, il a pu me propoſer un engagement de cette eſpece ! ... Ha ! je ne peux le lui pardonner ; car il doit ſavoir qu'un tel mariage eſt au moins équivoque.

Il ne faut pas cependant, reprit Madame de Vaury, le rebuter par des reproches & des procédés rigoureux ; vous ferez mieux, en lui marquant de la répugnance pour un mariage de cette nature, de rejetter votre refus ſur la crainte qu'on ne vous ſoupçonne d'un commerce galant, & de perdre votre réputation : il le croira ſans doute; car les hommes ſont crédules : quand ils peuvent trouver un côté favorable à leur vanité, ils ne manquent jamais de le ſaiſir; c'eſt pourquoi il nous eſt aiſé de les ſubjuguer quand nous n'en dépendons point.

M. de Valcy revint le lendemain; le haſard voulut qu'il trouva encore Mademoiſelle de Terville ſeule : il lui apporta des boucles d'oreilles d'une valeur à n'être pas acceptées par une fille qui en eût connu le prix; & la trompa encore, en lui diſant qu'elles ne valoient pas la peine d'un remercîment. Je vous prie ſeulement, ajoûta-t-il, de les porter pour l'amour de moi. Ah! ſi vous conſentiez à me donner la main, comme je vous l'ai propoſé, je vous mettrois dans une ſituation à n'envier le ſort de perſonne. Mademoiſelle de Terville lui répondit qu'elle croyoit que le mariage dont il l'avoit flattée ne valoit rien. C'est encore Madame de Vaury qui vous a dit cela, reprit M. de Valcy avec un ton de dépit : eh bien ! croyez-la plutôt que moi ; & vous verrez ce que deviendront votre fortune & votre bonheur : je ne sçais quel est son dessein ; mais à votre place je ne resterois pas vingt-quatre heures avec elle. Est ce parce qu'elle me sert de mere depuis six mois, qu'il faut que je la quitte, répondit Mademoiselle de Terville ? Est-ce parce qu'elle m'instruit de la tromperie des hommes, qu'il faut que je me prive de ses conseils ? Elle ne les connoît pas tous, continua M. de Valcy impatiemment ; & sa défiance ne fait pas son éloge ; mais je vois bien que vous n'avez plus d'estime pour moi, puisque vous me mettez au nombre de ces perfides, qui ne cherchent que des victimes à leurs passions : je vous ai aimée, je vous aime encore de la plus vive tendresse : vous sçavez qu'il n'a pas tenu à moi que je ne fusse votre époux ; pourquoi donc vous défiez vous d'un amant dont la bonne foi vous est connue, sur les inspirations d'une femme que vous ne connoissez que depuis quelques mois? Songez, continua-t-il, en la regardant tendrement, que je vous ai sacrifié le bonheur de ma vie ; que je suis prêt encore à vous sacrifier ma fortune, en irritant mon pere contre moi ; mais auparavant pensez-y bien ; vous ne poûvez ruiner mes intérêts, que vous n'en soyez vous-même la premiere victime: prescrivez-moi les moyens de vous être uni, sans obliger mon pere à me déshériter : j'ai vingt-huit ans ; je puis me marier sans son consentement ; mais s'il apprend mon mariage, vous courez grand risque de n'avoir que la plus profonde misere pour le prix de ce que vous ferez pour moi. Mademoiselle de Tenville, touchée de ce discours, crut que Madame de Vaury avoit pris l'allarme mal-à-propos. Mais, Monsieur, lui dit-elle, je passerai donc dans le monde pour votre maitresse ? Que vous importe, reprit M. de Valcy ? Il suffit que votre vertu ne vous reproche rien. Non, non, continua Mademoiselle de Terville, cela ne suffit pas ; je ne vivrai jamais avec l'idée que l'on me montreroit pour être l'objet d'un commerce indécent. Voilà en vérité, répliqua-t-il, de grands sentimens que j'admire ; mais qui feront mon malheur & le vôtre. Puisque rien ne peut vous persuader de ma sincérité, & que vous n'avez pas assez de tendresse pour me faire le moindre sacrifice, je m'en vais encore essaier si l'absence me rendra un repos dont je suis privé depuis long tems ; vous le voulez, je n'ai point de reproches à me faire.

Les larmes couloient de ses yeux. Mademoiſelle de Terville ne le vit pas dans cet état ſans la plus vive ſenſibilité : elle eſſaia de le conſoler par les aſſurances de ſon attachement. Il ſembloit que ſon déſeſpoir augmentât : enfin il ſe calma un peu. N'oſant paroître dans l'état où il étoit, il remonta dans un carroſſe qu'il avoit amené, en aſſurant Mademoiſelle de Terville qu'il l'aimeroit toute ſa vie ; mais qu'il alloit faire tous ſes efforts pour l'aimer avec moins de tendreſſe.

Madame de Vaury ne revint que fort tard ; elle trouva Mademoiſelle de Terville réellement inquiette de la réſolution de M. de Valcy ; elle lui raconta la ſcéne qui venoit de ſe paſſer. Voilà, reprit cette Dame, un homme bien dangereux : ne vous allarmez pas, continua-t-elle, il reviendra, ou je ſuis bien trompée ; & s'il ne revient pas, il vaut encore mieux le perdre par votre fermeté, que de vous l'acquérir par des foiblesses : si vous en étiez fortement éprise, cela seroit fâcheux pour votre tranquillité ; mais je vois bien que sa privation ne vous causera qu'un léger chagrin. Mademoiselle de Terville lui montra les boucles d'oreilles ; elles lui parurent d'un prix à n'être point acceptées ; elle lui conseilla de ne point les mettre. On verra par la suite qu'elle eût bien fait de suivre ses conseils ; mais en général les jeunes personnes ont une vanité mal-entendue, qui leur fait souvent plus de tort que les fautes qu'elles font.

Mademoiselle de Terville reçut des nouvelles de son oncle ; il lui marquoit qu'il seroit encore six mois à son voyage ; il lui envoyoit en même tems une lettre de change de peu de valeur ; mais qui, jointe à la pension que lui continuoit sa jeune amie de Flandres, la mit en état de soulager Madame de Vaury. L'Abbé lui recommandoit toujours la vertu, lui promettoit ses secours & ses conseils. Mademoiselle de Terville avoit été obligée de s'habiller honnêtement; ces petites dépenses avoient presque dissipé les fonds qu'elle avoit apportés: sa mere, importunée par Madame de Vaury, envoya quelque bagatelle: ainsi ces deux honnêtes personnes se virent dans la situation de passer l'hyver assez commodément.

Mademoiselle de Terville avoit été voir la bonne Madame Didier, & le Religieux Cordelier, qui lui promit de chercher quelque grande Dame qui voulût la prendre sous sa protection. Elle attendoit sans impatience un changement dans sa situation. Son mariage avec M. de Valcy ne plaisoit nullement au Religieux, qui lui avoit dit crûment que ces sortes de mariages n'étoient autre chose qu'un honnête commerce, & l'avoit si fort effraiee des suites qu'ils pouvoient avoir, qu'elle étoit déterminée à dire à M. de Valcy qu'elle ne vouloit point entendre parler davantage d'une union formée contre toutes les règles de la bienséance, & qui pouvoit lui attirer de nouveaux malheurs.

Les plus fortes passions ont leurs vicissitudes. M. de Valcy étoit rebuté des obstacles que Mademoiselle de Terville apportoit à son bonheur. Les faveurs refroidissent quelquefois un amant ; mais le plus grand nombre s'éloigne par les difficultés. M. de Valcy prit cent fois la résolution d'éviter Mademoiselle de Terville, & de tâcher de se guérir d'un amour qui faisoit son supplice. Perdant l'espérance de la séduire par aucuns moyens, ne pouvant l'épouser de l'aveu de son pere, il se détermina à quitter Paris, & d'essaier au moins si l'absence ne lui rendroit pas la tranquillité. Il fut quelques jours sans aller chez elle : qu'ils furent cruels ! quels ennuis ! jamais il n'avoit senti à quel point Mademoiſelle de Terville lui étoit chere : ce ne furent que combats qu'il ſe donnoit à lui-même, pour réſiſter au deſir de la voir. Il ſortoit dans le deſſein d'aller d'un côté oppoſé au quartier où elle demeuroit ; & comme entraîné par la force de ſon penchant, il tournoit ſes pas vers la rue où elle logeoit. Pendant cette incertitude, les deux Dames avoient eu une nouvelle aventure.

On leur avoit donné des billets pour une piece nouvelle à la Comédie Fançoiſe. Mademoiſelle de Terville ſe fit une grande fête d'aller pour la premiere fois au ſpectacle : elle ſe para de ſon mieux, & n'oublia pas les boucles d'oreilles dont M. de Valcy lui avoit fait préſent. Elles arriverent d'aſſez bonne heure, & ſe placerent le mieux qu'il leur fut poſſible. La piéce commencée, elles y donnerent tant d'attention, qu'elles ne s'apperçurent pas que l'Officier importun s'étoit placé auprès d'elles. Dans un des entr'actes, il leur demanda comment elles trouvoient la Comédie. Mademoiselle de Terville ne put se défendre d'un mouvement de surprise à la vue de l'Officier, qu'elle reconnut d'abord. Elle lui répondit modestement qu'elle n'avoit pas assez d'usage du monde pour juger du spectacle; mais que, si elle suivoit son goût, elle y viendroit souvent. La conversation s'engagea insensiblement; & quoique Madame de Vaury fût la plus éloignée, elle ne laissa pas d'y prendre part. Ce qui faisoit l'étonnement de l'Officier & son chagrin, étoit la parure de Mademoiselle de Terville: il avoit fort bien remarqué les premieres fois la simplicité dont elle étoit vêtue; & il ne put se défendre de former quelques soupçons sur sa vertu. Ces soupçons l'enhardirent; & il offrit à ces Dames de les tirer d'embarras en sortant de la Comédie, & de les reconduire chez elles. Il n'avoit point d'uniforme ; & s'il n'étoit pas magnifiquement vêtu, il l'étoit au moins de maniere à se faire distinguer. Il leur dit qu'il s'appelloit de Tarol ; qu'il étoit dans la maison du Roi, & que sa demeure habituelle étoit en Auvergne dans une Terre dont il portoit le nom. Madame de Vaury sachant qui il étoit, ne fit aucune difficulté de lui donner la main pour sortir du spectacle ; & vit qu'effectivement elle auroit été fort embarrassée avec sa compagne, si elles n'avoient pas eu de Cavalier pour les tirer de peine. Après lui avoir marqué leur reconnoissance, elles voulurent s'en retourner seules ; mais M. de Tarol les reconduisit chez elles, en leur demandant permission de venir leur rendre visite. Madame de Vaury ne pouvant plus le refuser, il s'en retourna très-satisfait de cette rencontre, se promettant d'en profiter.

Cet événement paroît tout simple ;

c'eſt pourtant un des plus extraordinaires de la vie de Mademoiſelle de Terville. Elle avoit été juſqu'à ce moment malheureuſe par la faute des autres : elle va commencer à tenir d'elle-même les occaſions de ſa bonne ou mauvaiſe fortune.

M. de Tarol avoit trop d'empreſſement de voir Mademoiſelle de Terville pour différer plus long tems à lui rendre viſite. Le lendemain, dès que la bienſéance le lui permit, il ſe préſenta chez Madame de Vaury. Son premier compliment fut court & poli. Perſuadé qu'elle étoit la mere de cette Demoiſelle, il s'étudia à lui plaire, & y réuſſit ſi bien, qu'en peu de tems il gagna ſa confiance. De ſon côté Mademoiſelle de Terville en étoit ſi ſatisfaite, qu'elle lui faiſoit des reproches obligeans quand il étoit quelques jours ſans venir.

Après quinze jours d'abſence, M. de

Valcy ne pouvant plus réſiſter au tourment qu'il s'étoit impoſé lui-même, revint un ſoir chez Madame de Vaury, qui fut fort ſurpriſe de le voir, le croyant à la campagne : il y avoit été en effet, & en étoit revenu bruſquement pour revoir Mademoiſelle de Terville, qu'il trouva fort tranquille, M. de Tarol à côté d'elle. Ils ne ſe connoiſſoient pas ; ils ne furent inquiets ni de l'un ni de l'autre ; mais M. de Tarol, craignant d'être importun, prit congé des Dames, & s'en alla. Madame de Vaury ſe preſſa d'inſtruire M. de Valcy de la connoiſſance qu'elle avoit faite de cet Officier : il ne fut pas allarmé de ſes aſſiduités : ſelon la méthode des jeunes gens, il n'imaginoit pas qu'un homme de l'âge de M. de Tarol fût dangereux ; cependant cet homme obtenoit des préférences ſur lui. Hors le véritable nom de Mademoiſelle de Terville, il connoiſſoit à-peu-près tout ce qui concernoit la ſituation de la mere & de la fille, & juſqu'aux propoſitions de mariage que M. de Valcy avoit faites. Ainſi M. de Tarol, trompé par le myſtere que l'on faiſoit de la naiſſance de Mademoiſelle de Terville, avaloit à longs traits le poiſon d'une paſſion funeſte à ſon repos : il n'oſoit ſe déclarer ; ſes ſoupirs, ſes ſoins & ſon empreſſement étoient les ſeules marques qu'il laiſſoit échapper d'un amour qu'il avoit mille raiſons de contraindre, & même d'étouffer : il croyoit Mademoiſelle de Terville prévenue pour M. de Valcy ; cette idée augmentoit ſon ſupplice : ſouvent elle tâchoit, par ſes queſtions obligeantes, 'darracher un ſecret qu'il gardoit opiniâtrément. Son ſilence étoit ſi extraordinaire, que Madame de Vaury l'attribua à un excès de timidité, & tâcha de le raſſurer ſur ſa diſproportion d'âge qu'il y avoit entre lui & ſa fille. S'imaginant qu'il étoit jaloux de

M. de Valcy, elle lui ôta cette inquiétude. Mademoiselle de Terville, ayant pris de la confiance en lui, disoit quelquefois que son goût la portoit vers les hommes d'un âge mûr, & lui faisoit entendre que M. de Valcy n'avoit point son cœur. Ces apparences sembloient calmer pour quelques instans l'agitation de son ame, & dissiper sa tristesse ; mais bientôt après il retomboit dans une sombre mélancolie.

M. de Valcy ayant perdu toute espérance de faire entrer Mademoiselle de Terville dans le plan de vie qu'il s'étoit formé, consumé par sa passion, ne pouvant se résoudre à renoncer à la possession d'un objet qu'il adoroit, se détermina à risquer tout ce qui pourroit en arriver, & de l'épouser sans l'aveu de son pere. Il lui fit part de sa résolution. Cette fille généreuse & sensible lui représenta les suites fâcheuses qui pouvoient en résulter. Vous me ſaurez un jour mauvais gré, lui dit-elle, de vous avoir entraîné dans un engagement qui peut ruiner votre fortune. Non jamais, aſſuroit-il, je ne me repentirai, ſi vous m'aimez, de vous avoir fait quelques ſacrifices : je ſouffrirai pour l'amour de vous tout ce qu'il plaira aux circonſtances ; je ne ſuis inquiet que pour vous : j'appréhende que la médiocrité de notre fortune ne vous ſemble trop dure à ſupporter. Raſſurez-vous, reprenoit Mademoiſelle de Terville ; je ſuis ſi accoutumée au défaut d'aiſance, que je ne crois pas jamais envier l'état opulent, que je ne connois pas. M. de Valcy ſoupira ; & la regardant d'un air attendri, il l'aſſura qu'il alloit travailler à ſe procurer la poſſeſſion d'un bien dont il connoiſſoit tout le prix, & ſans lequel il ne pouvoit vivre.

Il la ſupplia, en la quittant, de recommander à Madame de Vaury le plus grand ſecret. Ce fut donc une néceſſité de ne point faire part de ces arrangemens à M. de Tarol, qui devoit bientôt partir pour ſa Province, & qui depuis quelques mois différoit ſon voyage, ne pouvant penſer ſans chagrin, à s'éloigner de Mademoiſelle de Terville.

M. de Valcy revint avec aſſiduité chez Madame de Vaury. Depuis qu'il avoit des intentions honnêtes, il ne s'ennuioit plus de trouver compagnie auprès de Mademoiſelle de Terville, qui de ſon côté ne cherchoit qu'à lui plaire. Un jour qu'il la trouva ſeule, il lui demanda raiſon de l'indifférence qu'elle lui avoit marquée pendant quelques mois. Elle lui avoua ingénuement que, lui ayant ſoupçonné des intentions injurieuſes à ſa vertu, elle avoit pris pour lui des ſentimens conformes aux idées qu'elle s'étoit faites. M. de Valcy ſe juſtifia avec tant d'apparence de vérité, que Mademoiselle de Terville, touchée de ses expressions & de ses procédés, dans le premier mouvement de sa reconnoissance, approcha son visage du sien, & le tint long-tems appuié sans rien dire : rompant enfin le silence, & voyant l'impression vive que ses caresses avoient faites sur lui ; je suis si pénétrée de reconnoissance, continua-t-elle, que je ferai aveuglément tout ce que vous desirerez : je vois bien qu'il est nécessaire de cacher notre mariage ; mais j'espere qu'un jour le monde me rendra justice. Elle appella ensuite Madame de Vaury, lui répéta tout ce que M. de Valcy venoit de lui dire, & lui demanda ses conseils. Dans des circonstances aussi délicates, cette Dame avoit tant d'amitié pour Mademoiselle de Terville, qu'elle approuva tout ce qu'elle crut capable de la tirer de l'état dans lequel elle la voyoit ; elle promit de la suivre partout, de ne la plus quitter, &

de lui ſervir de mere. M. de Valcy la preſſa de nouveau d'accepter ſes ſervices, qu'elle refuſa toujours avec fermeté. Vos affaires, Monſieur, lui dit-elle, ne ſont pas encore aſſez avancées, pour qu'il ne puiſſe arriver quelque événement qui ruine ou qui retarde votre ſatisfaction : je ſerai la premiere à vous offrir mes ſoins quand il en ſera tems : peut-être ſurviendra-t-il des obſtacles à votre bonheur, du côté où vous en attendez le moins ; qui ſçait ſi Madame de Terville ne s'oppoſera pas à l'établiſſement de ſa fille ? Vous connoiſſez ſa méchanceté ; (mais non ... je ne puis le croire :) je lui manderai vos intentions, & lui recommanderai le ſecret: Mademoiſelle de Terville lui écrira auſſi, en lui demandant les papiers néceſſaires pour l'accompliſſement de votre mariage. M. de Valcy approuva toutes ces précautions ; il voulut leur perſuader que, dans les termes où ils en étoient,

tout

tout devoit être commun. Elles persisterent dans la louable résolution de ne dépendre en aucune façon d'un homme qui n'avoit encore que le titre d'amant.

M. de Tarol venoit assiduement ; il demandoit quelquefois quelles étoient les intentions de M. de Valcy pour Mademoiselle de Terville. Comme elles avoient résolu de garder le secret, elles se contenterent de lui répondre que M. de Valcy n'étant pas son maître, il ne pouvoit de quelque tems disposer de sa main. A cette réponse il soupiroit, & plaignoit le sort de M. de Valcy, d'être obligé de contraindre son inclination. Quelques questions qu'on lui fît, il ne s'ouvroit jamais davantage sur son bien, sur sa famille, ni sur l'état de son cœur, quoiqu'il parût fort épris de Mademoiselle de Terville. Son commerce étoit doux ; & quoiqu'il dît souvent du mal des femmes, on s'appercevoit aiſément qu'il les aimoit, & qu'il ne ſembloit les mépriſer, que parce qu'il en avoit eſſuié de mauvais procédés. Madame de Vaury qui l'avoit pris en amitié, lui faiſoit ſouvent la guerre ſur ſon éloignement pour le mariage. Un jour elle lui demanda s'il n'avoit jamais eu le deſſein de ſe marier; il rougit & répondit que cette folie lui avoit paſſé dans l'eſprit dans ſa jeuneſſe; mais qu'il en avoit été guéri pour toute ſa vie. Quoi! ajoûta Mademoiſelle de Terville, vous avez donc trouvé une infidelle? Hélas! Mademoiſelle, cette eſpece n'eſt pas rare; il eſt des circonſtances qu'on ne peut prévoir ni parer; & quand on en ſeroit prévenu, le cœur nous gouverne ſouvent, & nous mene au-delà des réflexions. Auriez vous renoncé à tout engagement, demanda Madame de Vaury? A cette queſtion il lui prenoit des mouvemens convulſifs; il ne répondoit que par monoſyllabes. Quoiqu'il n'eût marqué dans ſa conduite que beaucoup de raiſon, il étoit ſi ſingulier ſur le chapitre des femmes, qu'il étoit aiſé de s'appercevoir qu'il avoit lieu de s'en plaindre ; & on étoit tenté de croire qu'il avoit un genre de folie tout particulier. Les Dames ne voulant pas le chagriner, prirent le parti de ne plus lui parler de mariage.

L'hyver ſe paſſa de cette façon : Madame de Terville avoit reçu très-favorablement les demandes de M. de Valcy, & offrit de faire la noce à Prémur ; mais la crainte qu'elle ne gardât pas le ſecret, & que le pere de M. de Valcy ne fût averti du mariage de ſon fils, engagea Mademoiſelle de Terville à refuſer les offres de ſa mere : ce refus l'engagea dans les plus fâcheuſes aventures.

Comme elle l'avoit prévu, Madame de Terville fut indiſcrette : flattée de la recherche que M. de Valcy faiſoit de ſa fille, elle en parla à tout le monde. Le vieux Financier, qui faiſoit eſpionner ſon fils, ſçut qu'il voyoit aſſiduement une jeune perſonne fort jolie, qui demeuroit dans une maiſon obſcure, & dont tous les dehors n'annonçoient ni naiſſance ni fortune. L'eſprit encore rempli de l'entêtement qu'il avoit eu pour Mademoiſelle de Terville, il crut qu'il alloit encore faire quelque extravagance. Il prit l'allarme, & réſolut de s'éclaircir ſi l'objet des amours de ſon fils étoit ſeulement un amuſement, ou un attachement ſérieux. Depuis peu M. de Valcy avoit refuſé des partis ſi avantageux, que cette circonſtance ſeule fit prendre aux vieux Financier une réſolution digne de lui, & de ſon gendre qui le gouvernoit abſolument.

Depuis pluſieurs jours M. de Valcy s'appercevoit que dans ſa famille on lui faiſoit de piquantes railleries ſur ſes habitudes, ſur les précautions qu'il prenoit pour aller voir ſa maitreſſe. Parbleu! diſoit le vieux Valcy, tu as de l'argent, pourquoi tant de façons? mets-la dans ſes meubles; je paierai volontiers la moitié de la dépenſe, pourvu que la fille ne ſoit point trop chere. Le pauvre Valcy s'ennuiant de ces propos, répondit bruſquement qu'il ne connoiſſoit point de femmes que l'on mît dans ſes meubles, & encore moins de celles à qui on osât le propoſer. Tu nous en contes de bonnes, répliquoit le Financier; je ſçais un peu comment ces griſettes ſe traitent: ne vas-tu pas nous dire encore comme à la petite de Terville, que c'eſt une fille d'honneur, de condition? Elle te trompera de même; mais je m'en conſole, ſi tu en es quitte pour de l'argent; car ſi je croyois qu'il te vînt en penſée d'épouſer.... je te ferois conduire dans des lieux où tu ne trouverois pas avec qui faire ménage.

Cette menace, jointe à tout ce que l'on venoit de lui dire, obligea M. de Valcy à dissimuler, à badiner lui-même des engagemens qu'on lui supposoit; mais à prendre les plus grandes précautions, pour qu'on ignorât ses démarches. Il fit mal de tenir cette conduite : on jugea de la médiocrité de son choix, par le peu d'intérêt qu'il sembloit y prendre, & par l'air mystérieux qu'il gardoit. L'on ne doit jamais passer légérement sur le mépris que l'on fait de nos amis; c'est s'avilir que de souffrir qu'on abaisse les personnes qui nous sont cheres : il faut les défendre plus vivement que nous-mêmes, si nous voulons qu'on les respecte.

Les sorties qu'on avoit faites sur M. de Valcy, le rendirent rêveur, & lui firent prendre des précautions encore plus grandes, pour rendre des visites à Mademoiselle de Terville ; & sans lui dire les nouvelles raisons qu'il avoit de la voir plus rarement & de nuit, il mit quelque intervalle entre les jours qu'il venoit chez elle. Cette conduite inquiéta le vieux Valcy, qui y soupçonna du mystere. Voulant connoître l'espece de femme que son fils voyoit aussi assiduement, il prit un matin un carrosse de louage & un domestique discret, & alla chez Madame de Vaury. La premiere personne qu'il trouva, fut Mademoiselle de Terville sortant du lit ; il jugea à sa figure qu'elle étoit l'objet de l'égarement de son fils. Est-ce vous, la belle enfant, qui recevez souvent un Officier de Cavalerie? c'est un grand libertin, je vous en avertis. Mademoiselle de Terville fut si interdite de ce début, qu'elle appella Madame de Vaury pour répondre, & se prépara à rentrer dans son cabinet. Ne nous fuyez pas, la belle, reprit le Financier ;

je viens ici pour jaſer avec vous ; & voyant un grand fauteuil auprès du feu, il s'y étendit ſans façon. Madame de Vaury, qui n'étoit pas dans l'habitude de voir des hommes ſi familiers, lui demanda qui il étoit, & de quel droit il venoit chez elle avec un ton ſi impoli. Mais je crois, répliqua-t-il, que je puis bien avoir le même privilége que d'autres qui viennent ici. Vous vous trompez, ma bonne amie ; je ne crois pas manquer de politeſſe, quand je viens vous offrir de faire du bien à cette jeune perſonne, & l'avertir de ne point ſe laiſſer amuſer par un vaurien, qui lui promettra monts & merveilles, & qui la quittera quand il en ſera las : elle a l'air ſage, ajoûta-t-il en la regardant fixement ; ſi ſon air ne m'abuſe pas, je la marierai convenablement : c'eſt à cette intention que je ſuis venu ; j'ai un Commis dans mes bureaux, auquel je m'intéreſſe, parce que j'ai connu ſa mere . . . . il fera ſon affaire : il eſt jeune ; il eſt bien fait ; je lui donnerai quelques mille écus pour les frais du mariage : voyez ſi cela n'eſt pas un bon procédé de ma part : & vous, ma petite, n'êtes-vous pas trop heureuſe, que je veuille me charger de vous établir ? car on trouve des galans, quand on eſt jolie ; mais pas un mari quand on eſt pauvre ; & franchement vous ne paroiſſez pas trop riche : mais voyez comme elles ſont étonnées ! remerciez-moi au moins de mes bonnes intentions : quand voulez-vous que je vous amene votre futur ? parlez donc.

En effet Madame de Vaury étoit ſi ſurpriſe de ce qu'elle entendoit, que le vieux Financier auroit parlé toute la journée, ſans qu'elle l'eût interrompu ; mais M. de Tarol étant entré, le Financier lui fit un ſalut de tête, ſans ſe lever. A ce que je vois, continua-t-il, vous aimez les Officiers ; car en voilà encore un, si je ne me trompe. Je vous laisse pour le moment, & reviendrai une autre fois savoir votre réponse. Non, non, reprit Madame de Vaury, qui avoit eu le tems de se remettre; vous nous direz, Monsieur, ce qui vous amene : Monsieur n'est pas de trop. C'est donc encore un amant de votre fille, ou le vôtre, demanda le Financier? Il ne vient ici personne sous ce titre, répliqua Madame de Vaury; & voyant qu'il se préparoit à sortir : vous me direz au moins, lui dit-elle d'un ton ironique, à qui j'ai l'honneur de parler? Au pere de Valcy, répondit-il d'un air brusque, qui ne prétend pas qu'il vienne perdre son tems & son argent avec des grisettes.

M. de Tarol, qui avoit été d'abord choqué du ton incivil de cet homme, perdit patience à ces dernieres paroles. Il se mit entre la porte & lui; & le forçant par cette action de s'arrêter :

ſi vous ſaviez vivre, lui dit-il, vous ſauriez qu'on ne vient pas chez des Dames reſpectables, comme vous y venez, tenir de pareils propos; & avec leur permiſſion, je vous ferois ſortir plus vîte que vous ne voudriez : allez; ſi... M. de Valcy n'avoit pas appris à être brave, au métier qu'il avoit fait toute ſa vie; il ſentoit ſon tort. Le ton de M. de Tarol l'effraya au point, qu'il gagna ſon fiacre avec la plus grande diligence, malgré la peſanteur de ſon âge & de ſon embonpoint, méditant contre Mademoiſelle de Terville, les plus étranges réſolutions, ſi ſon fils perſiſtoit à la voir : il ne pouvoit ſurtout pardonner à Madame de Vaury, de l'avoir reçu avec ſi peu d'égards; & il ne comprenoit pas comment des femmes logées meſquinement, n'ayant ni ſervantes ni valets, pouvoient avoir l'air auſſi impoſant, & être femmes de bien.

Madame de Vaury, débarraſſée de ce brutal, remercia M. de Tarol d'avoir pris leurs intérêts avec tant de chaleur. Hélas! Madame, répliqua-t-il douloureuſement, que ne puis-je vous affranchir tout d'un coup des perſécutions de cet homme intraitable? car il n'en reſtera pas à l'inſulte qu'il vient de vous faire, ou ſon fils ceſſera de vous rendre des ſoins. Il eſt déterminé d'empêcher qu'il ne s'uniſſe à Mademoiſelle votre fille; & jamais, tant qu'il vivra, vous ne pourrez former d'engagement ſolide: ſi vous pouviez rompre avec lui, continuoit-il, vous jouiriez d'un repos que vous ne pouvez eſpérer; & le tems pourroit amener des événemens plus favorables; mais non, je ne puis pas m'en flatter ... mon âge & le ſien ſont ſi éloignés ... je ſuis trop malheureux ... Ces paroles étoient ſuivies de tant d'amertume de cœur, que Madame de Vaury en fut touchée, ſans vouloir le faire expliquer mieux.

Mademoiselle de Terville étoit rentrée dans sa chambre, où elle s'étoit livrée à son chagrin ; désolée des désagrémens qu'elle causoit à son amie, elle méditoit sur les moyens de lui en épargner à l'avenir, soit en épousant au plutôt M. de Valcy, soit en se retirant dans un Couvent de Province, avec les secours de son oncle & de sa jeune amie de Flandre. M. de Tarol entra dans sa chambre, s'assit auprès d'elle, & lui dit tout ce que sa tendresse lui suggéra de plus consolant : il parvînt à la calmer, lui offrit ses services, & surtout insista à ce qu'elle vint avec Madame de Vaury passer quelque tems en Auvergne, pour attendre l'événement. Elle auroit volontiers consenti à ce voyage ; mais elle vit Mademoiselle de Terville si éloignée d'accepter ce parti, qu'elle remercia M. de Tarol, qui prit, peu de jours après, congé d'elles pour retourner dans sa Province, leur promettant ſouvent de ſes nouvelles. Elles ne virent pas ſans chagrin l'éloignement d'un ſi bon ami, qui, depuis pluſieurs mois ne reſtoit à Paris, que pour voir Mademoiſelle de Terville, dont il ne pouvoit ſe ſéparer. Perſuadé que M. de Valcy n'oſeroit ſe marier ſans le conſentement de ſon pere, il partit aſſez tranquille. Les événemens qui ſuivirent ſon départ, dérangerent le commerce de lettres qu'il avoit eſpéré.

Mademoiſelle de Terville avoit pris pour M. de Valcy une amitié ſi tendre, qu'elle ſe méprit encore ſur ſes ſentimens. Elle crut avoir de l'amour, & elle n'avoit que de la reconnoiſſance, qui, dans une belle ame, eſt capable de cauſer la plus vive émotion & le plus grand intérêt. Elle avoit voulu lui cacher la viſite impertinente de ſon pere, dans la crainte de le chagriner; mais il ne fut pas poſſible. Cette nouvelle le mit au déſeſpoir : il comprit alors la faute qu'il avoit faite de n'avoir pas répondu fortement, quand on lui fit la guerre sur sa maitresse : il voulut réparer cette faute ; & il en fit une autre, en allant trouver son pere, pour lui reprocher vivement la démarche qu'il avoit faite. Le vieillard, honteux & confus, lui répondit qu'il n'avoit pas cru devoir garder des ménagemens avec des femmes logées dans des galetas. Ces femmes sont de condition, continua M. de Valcy. Tu n'es qu'un sot avec ta condition, reprit le vieux Financier ; la bonne condition est d'avoir de l'argent & tout ce qui s'ensuit : à la bonne heure, puisqu'il te faut des filles nobles pour amourettes, j'y consens ; mais que je n'entende plus parler de mariage, car j'y mettrai bon ordre.

Quelques jours après, M. de Valcy vint de bonne heure chez Madame de Vaury. Son air annoncoit encore quelque orage : il apprit à Mademoiselle de Terville que ſon pere recommençoit ſes perſécutions, pour lui faire épouſer une Demoiſelle qu'il lui deſtinoit depuis long-tems, à laquelle il n'avoit pu ſe réſoudre de rendre quelques ſoins: que ſon pere attribuoit ſa négligence à l'amour qu'il avoit pour une autre; & que cette autre ne pouvoit être qu'elle; que ſans doute c'étoit cette penſée qui l'avoit déterminé à la démarche indécente qu'il avoit faite. Je crains encore, ajoûta-t-il tendrement, quelque trahiſon de ſa part; & je veux vous garantir de tous fâcheux événemens: écrivez au plutôt à Madame de Terville, qu'elle vous envoye les papiers néceſſaires; & je me précautionnerai, de mon côté, de tout ce qu'il me faudra, pour pouvoir nous marier: j'ai un ami ſur lequel je puis compter; il m'a promis de me prêter ſa maiſon, & de me trouver un Prêtre qui nous mariera: je ſuis en âge de diſpoſer de moi, ſans le conſentement de mon pere; & s'il manquoit quelques formalités à notre mariage, nous les ajoûterons un jour. Mademoiſelle de Terville ne pouvant réſiſter à des raiſons auſſi preſſantes, promit d'écrire à ſa mere le même ſoir, & de ſe confier à ſa bonne foi dans toutes les démarches qu'il feroit, pour aſſurer ſa tranquillité & ſa confiance. Madame de Vaury ayant été conſultée, elle ne vit rien dans la conduite de M. de Valcy, qui pût lui faire appréhender rien de fâcheux pour Mademoiſelle de Terville, ni de contraire à la vertu la plus ſcrupuleuſe. A la vérité, c'étoit un fils qui contractoit un mariage ſans l'aveu de ſon pere : mais un fils en âge de diſpoſer de ſa main, & qui épouſoit une fille bien née, belle & vertueuſe : rien enfin dans cette circonſtance ne lui cauſa le moindre ſcrupule.

M. de Valcy ſe donna les mouvemens néceſſaires pour trouver un Prêtre. Le

Curé du village où étoit située la maison de son ami, s'offrit de faire la cérémonie du mariage ; & tandis que cet amant croyoit toucher à l'instant le plus desiré & le plus heureux de sa vie, il s'en vit éloigné par des contre-tems qu'il ne pouvoit ni parer ni prévoir. Deux jours avant celui qu'on avoit fixé pour le mariage, Madame de Vaury reçut un billet d'une main inconnue, qui contenoit ce peu de mots.

» M. de Valcy sçait les intentions de » son fils : il a obtenu contre la De- » moiselle qu'il veut épouser, une letrre » de cachet, qui doit être signifiée de- » main ; ne perdez pas de tems, si » vous voulez la soustraire à cette vio- » lence. »

Que l'on juge de la douleur de Madame de Vaury, à la lecture de cette lettre : elle crut qu'il étoit nécessaire de la montrer sur le champ à Mademoiselle de Terville, qui resta immobile d'étonnement. Après l'avoir lue : expliquez-moi, lui dit-elle, ce que c'eſt qu'une lettre de cachet ; & quelle violence je dois craindre. Une lettre de cachet, reprit Madame de Vaury, eſt un ordre du Roi, pour enlever une perſonne, ou pour l'éloigner. Mais ces ordres, répliqua Mademoiſelle de Terville, ne ſe donnent pas ſans raiſon ; & je n'ai jamais commis de faute, dont le Roi doive me punir. Le Roi ne ſe mêle pas de ces détails, ma chere amie ; il ſuffit que les Miniſtres aient reçu des plaintes. Ils ſont chargés de punir les crimes d'Etat, & quelquefois des fautes particulieres ; comme, par exemple, celle dont on veut vous punir. Eh ! mon Dieu ! reprit Mademoiſelle de Terville, qu'ai-je fait qui mérite une perſécution de cette eſpece ? Vous êtes malheureuſe, ma chere amie ; & vous avez pour ennemi un homme, qui ne peut vous pardonner d'avoir plu à ſon fils. C'eſt donc un crime, répliqua Mademoiſelle de Terville, à une pauvre fille d'être vertueuſe? car je le vois bien : la femme de M. de Valcy ſera perſécutée; & ſa maitreſſe ſeroit reſtée tranquille. Il n'eſt pas queſtion, ma chere amie, continua Madame de Vaury, de ſe lamenter inutilement; il faut prendre courageuſement votre parti, ſortir promptement de cette maiſon, & vous ſouſtraire à la tyrannie dont on vous menace : je ne tarderai pas à faire voir au Miniſtre que l'on a ſurpris ſa croyance, & qu'il a commis une injuſtice, en donnant légérement un ordre contre vous : Madame Didier eſt une honnête perſonne qui vous aime, & chez laquelle vous ſerez en ſûreté : venez, je vais vous y conduire; repoſez-vous ſur moi du ſoin de vous juſtifier dans l'eſprit de ceux qui pourroient vous ſoupçonner d'une conduite équivoque.

Madame Didier étoit la marchande

de dentelles qui étoit venue de Flandre avec Mademoiſelle de Terville, lorſqu'elle revint du Couvent chez ſa mere, & à laquelle elle avoit eu de ſi grandes obligations. Elle avoit conſervé quelque liaiſon avec elle, & l'avoit vue pluſieurs fois depuis qu'elle étoit à Paris. Elle ſe laiſſa conduire par Madame de Vaury, qui prit bien des détours pour arriver à la maiſon de Madame Didier. Cette bonne perſonne reçut Mademoiſelle de Terville avec beaucoup de ſatisfaction. Si elle fut triſte, en apprenant le ſujet qui l'amenoit chez elle, elle ſe crut encore plus obligée de la conſoler par tous les motifs & les bons traitemens qu'elle put imaginer. Elle l'aſſura qu'elle ſeroit en ſûreté dans ſa maiſon, ne voyant que fort peu de monde, & pourroit y vivre auſſi ignorée qu'elle le jugeroit à propos. Madame Didier avoit un petit appartement ſéparée du ſien, qu'elle réſervoit pour ſes parens de Province, quand ils venoient à Paris. Ce fut celui qu'elle donna à Mademoiselle de Terville, & dont cette Demoiselle prit possession sur le champ. Après que Madame de Vaury l'eût installée, elle la quitta, en lui promettant de venir la voir tous les jours.

Madame Didier avoit du bon sens & de l'usage du monde : elle employa une partie de la journée à calmer les inquiétudes de Mademoiselle de Terville. De quoi vous allarmez vous, lui disoit-elle ? vos chagrins ne peuvent durer longtems : plus M. de Valcy verra que vous souffrez pour lui, plus il se croira obligé de réparer vos malheurs : rien ne l'empêchera plus à présent de hâter l'effet de ses bonnes intentions ; l'éclat est fait, & je ne vois pour vous qu'un avenir heureux. Elles convinrent qu'il falloit soigneusement cacher sa demeure, même à M. de Valcy ; dans la crainte que, si son pere la découvroit, il ne continuât ses persécutions.

Le lendemain de grand matin, il vint un homme chez Madame de Vaury, fort bien vêtu & très-poli, qui demanda si elle n'avoit pas une Demoiselle. Monsieur, dit Madame de Vaury, j'en avois une, que ses parens m'avoient confiée; mais elle est retournée chez sa mere depuis quelques jours; & voyant qu'il étoit surpris de ce qu'elle lui disoit, elle ouvrit le cabinet dans lequel Mademoiselle de Terville couchoit, & lui montra que, non-seulement elle n'y étoit pas, mais que ses hardes étoient emballées pour Prémur, à l'adresse de Madame de Terville. Ce n'est point ce nom que je cherche, dit l'Exempt; c'est celui de Mademoiselle de Vaury. Je n'ai point de fille, reprit Madame de Vaury: la Demoiselle qui demeuroit chez moi depuis plus d'un an, s'appelle de Terville: sa mere me l'avoit confiée pour cultiver son éducation, qui auroit été négligée dans une terre éloignée des maîtres & de toutes les occasions d'instruire une fille de condition. Il faut que l'on se soit bien trompé, dit d'un air confus l'Exempt ; je vous fais mes très-humbles excuses, Madame, de vous avoir réveillée si matin ; & je vais rendre compte au Ministre de la commission dont il m'avoit chargé. L'Exempt sortit en saluant profondément Madame de Vaury, qui remarqua dans sa main la lettre de cachet. Il descendit en marmotant qu'on lui faisoit faire des levées de bouclier, & qu'il étoit bien désagréable de se tromper ainsi.

Madame de Vaury attendit une partie de la journée M. de Valcy, qui ne parut point. Surprise de cette négligence, dans une circonstance aussi embarrassante, elle soupçonna qu'il pouvoit bien avoir été compris dans le désastre de Mademoiselle de Terville. Pour s'éclaircir d'une chose si intéressante, elle envoya chez lui une personne

inconnue

inconnue & discrette, à qui l'on dit que depuis deux jours il étoit à la campagne, & qu'on ne savoit pas quand il reviendroit. Cette réponse la confirma dans ses conjectures : elle se donna tant de peines & de soins, qu'enfin elle apprit qu'un homme de bonne mine avoit été arrêté la veille dans la rue, & conduit à la Bastille. Après avoir demandé son âge & la façon dont il étoit vêtu, elle ne douta point que ce ne fût le malheureux Valcy, que son pere avoit fait enlever par ordre du Roi.

D'un embarras, elle tomba dans un autre. Comment annoncer à Mademoiselle de Terville, que l'homme sur lequel elle comptoit uniquement, qui pouvoit seul réparer ses derniers chagrins, étoit peut-être plus à plaindre qu'elle ; &, selon ses conjectures les plus vraisemblables, hors d'état de lui donner de ses nouvelles ? Elle écrivit deux mots à Mademoiselle de Terville, pour ſe diſpenſer ce jour-là d'aller la voir, ſous le prétexte de quelque légere indiſpoſition ; mais, en effet, pour penſer à ce qu'elle diroit le lendemain à cette triſte Demoiſelle, qu'elle trouva avec un peu de fievre & accablée de la douleur la plus profonde. Craignant d'augmenter ſon mal par ce qu'elle avoit à lui apprendre, elle éluda d'abord toutes les queſtions, & lui montra le Placet qu'elle devoit préſenter au Miniſtr Elle ne put ſe diſpenſer de lui raconter la ſurpriſe de l'Exempt ; elle affecta même de mettre de la gaieté dans ſon récit ; mais Mademoiſelle de Terville ne s'y méprit pas. Que je vous cauſe de peines, Madame! & que j'en ſuis affligée! mais vous ne me parlez pas de M. de Valcy : que dit-il de l'affreux procédé de ſon pere ? a-t-il pu s'échapper ? car je m'attends bien qu'il ſera retenu dans une dure contrainte : eſt-il inſtruit de la retraite que j'ai choiſie?

l'avez-vous prié de m'y laisser quelque tems sans y venir ? Pourquoi votre silence ? pourquoi ne m'a-t il point écrit ? il me semble qu'il ne peut faire moins pour me rassurer. Madame de Vaury se trouvant forcée de répondre, dit qu'elle croyoit M. de Valcy retenu & gardé à vue par son pere, n'en ayant pas entendu parler. Mais, ma chere amie, continua-t-elle, il faut prendre courage, & songer à ne pas vous laisser abattre par le chagrin : quand vous êtes arrivée à Paris, dans une situation plus désespérée, vous n'avez point paru si triste ni si découragée. Cela étoit bien différent, reprit Mademoiselle de Terville ; je n'avois aucune espérance : le moindre changement dans ma situation me sembloit le comble de la félicité ; mais depuis près d'un an que nous vivons ensemble, je n'ai éprouvé ni contradiction ni malheur : vous avez sçu par la douceur de votre commerce, empêcher que je ne m'apperçuſſe de la miſere de mon état ; M. de Valcy eſt venu enſuite, qui m'a fait enviſager une ſituation plus heureuſe que je ne pouvois l'eſpérer : je me croyois au-deſſus de tous les événemens ; en un moment j'eſſuie le plus grand des revers ; car, je ne vous le cache pas, je ne compte plus ſur ce mariage. Pourquoi, interrompit Madame de Vaury ? M. de Valcy a de la probité, beaucoup d'amour ; & certainement il ſera touché des chagrins qu'il vient de vous cauſer. Je ne doute pas, reprit Mademoiſelle de Terville, de l'étendue de mon malheur : ne m'avez-vous pas dit vous-même qu'il ne falloit point compter ſur la conſtance des hommes ? Cela eſt vrai en général, répliqua Madame de Vaury ; mais votre poſition eſt différente ; & tous les hommes ne ſont pas des ingrats : il en eſt de ſenſibles & d'honnêtes ; & je prendrois bien volontiers le parti de M. de Valcy, dont l'ame m'a paru noble & ſincere. La bonne Madame Didier, qui arriva dans ce moment, rendit la converſation plus générale : elle revenoit de chercher le Cordelier, le même qui étoit revenu dans le carroſſe d'Amiens avec Mademoiſelle de Terville un an auparavant, qu'elle avoit pris pour Confeſſeur depuis qu'elle étoit à Paris, & dont elle ſuivoit volontiers les avis. Madame de Vaury & ſon hôteſſe tâcherent d'amener Mademoiſelle de Terville à plus de tranquillité d'eſprit ; mais il lui falloit d'autres perſuaſions, & d'autres motifs de conſolation que ceux qu'elles avoient déja employés.

Le lendemain Madame de Vaury préſenta un Mémoire au Miniſtre, qui, après l'avoir lu, la conſidéra un moment, & lui demanda comment ſe nommoit la perſonne qu'elle avoit eue chez elle. Mademoiſelle de Terville, répliqua

Madame de Vaury ; elle a ſon pere au ſervice du Roi, & ſa mere vit à Prémur, terre qui lui appartient. Pourquoi étoit-elle à Paris, demanda M. Colbert? Pour lui donner un peu d'éducation, répliqua Madame de Vaury ; & l'on me l'avoit confiée pour cet effet depuis un an. Qui êtes-vous, Madame? Je ſuis veuve d'un gentilhomme, mort au Service : mon fils eſt Lieutenant dans le Régiment de... : & vous, Monſieur, pourſuivit-elle, vous avez eu la bonté il y a cinq ans, de m'accorder quatre cents livres de penſion, en conſidération des longs ſervices de mon pere & de mon mari. Je ne croyois pas être expoſée, après tant d'honneur, à l'affront que je viens de recevoir, en voyant enlever chez moi, par un ordre ſupérieur, une Demoiſelle de condition, vertueuſe & ſage, dont on m'avoit chargée. Le Miniſtre ſurpris de la fermeté de Madame de Vaury, & plus encore de l'injuſtice qu'on avoit oſé lui faire faire, dit tout haut qu'on lui en avoit bien impoſé ; qu'il en feroit repentir ceux qui avoient eu la hardieſſe de le ſurprendre : mais, ajoûta-t-il, Madame, vous en aurez raiſon ; & vous ſaurez ſur quel fondement je me ſuis conduit : la ſaluant honnêtement, il paſſa à une autre perſonne. Il faut avouer que ſi les perſonnes d'Etat font quelquefois des fautes, il leur eſt bien facile de les réparer. La conduite de ce Miniſtre dans cette occaſion, étoit auſſi noble que ſatisfaiſante : ce n'eſt pas la ſeule action de ce genre que l'on rencontra.

Madame de Vaury attendit trois jours l'effet des promeſſes du Miniſtre ; le quatrieme au matin, elle vit entrer un homme de bonne mine, qui lui fit des excuſes de la mépriſe de l'Exempt, & lui apporta en bonne forme la revocation de la lettre de cachet, donnée contre Mademoiſelle de Terville : il lui raconta tous les reſſorts & toutes les fourberies que le pere de M. de Valcy avoit employées, pour arracher l'ordre qu'il avoit obtenu, & qui avoit mis tant de troubles dans ſa maiſon.

Vous ſaurez, Madame, continua-t-il, que le pere de M. de Valcy, ſur le refus que ſon fils avoit fait de ſe marier de ſa main, le ſoupçonna d'avoir une intrigue, le fit ſuivre, & ſçut qu'il voyoit aſſiduement la jeune perſonne qui demeuroit chez vous. Perſuadé qu'elle étoit votre fille, & ne vous connoiſſant pas, il jugea de votre qualité par les apparences ; & craignant que ſon fils, qu'il avoit vu fort entêté la premiere fois, ne formât des engagemens contraires à ſes vues & à ſes intérêts, il médita d'empêcher, à quelque prix que ce fût, le mariage qu'il craignoit ; c'eſt ce qui lui fit faire la premiere démarche, en venant chez vous propoſer ſon Commis à la Demoiselle. Un ami, à qui M. de Valcy s'étoit confié, avoit engagé le Curé de sa campagne de le marier : ce Prêtre fit ses réflexions ; & craignant de s'embarquer dans une mauvaise affaire, sachant le nom de M. de Valcy, fut trouver son pere, & l'instruisit de ses intentions & du dessein qu'il avoit d'épouser une fille en secret. Le vieillard, furieux à cette nouvelle, résolut d'empêcher un mariage qu'il croyoit indigne. Il fit des informations, & ne consultant que son ressentiment, il fut trouver le Ministre, lui peignit votre situation toute différente, lui fit entendre (puisqu'il faut vous l'avouer) que vous étiez de moitié dans la séduction de son fils, & que vos mœurs étoient équivoques. Il ajoûta, pour rendre les choses plus fâcheuses, que son fils entretenoit, depuis long-tems, un commerce indécent avec votre fille ; & que, si par sa bienveillance & son autorité il ne remédioit promptement aux suites de ce commerce, son fils alloit faire une bassesse, en épousant cette petite créature. Il produisit le Curé, qui certifia qu'on lui avoit proposé une somme considérable pour marier M. de Valcy ; qu'il étoit vrai qu'il y avoit d'abord consenti ; mais ayant appris qu'il manquoit quelques formalités essentielles à ce mariage, il s'étoit douté que M. de Valcy alloit faire une mauvaise affaire, qu'il avoit préféré dans cette occasion son devoir à ses intérêts, & qu'il avoit averti le pere du jeune homme des desseins de son fils.

Le Ministre ne promit rien à M. de Valcy, qu'il n'eût d'abord fait faire des informations dans votre voisinage. La populace, toujours envieuse & mal-instruite, confirma les plaintes de M. de Valcy, en disant qu'on voyoit venir souvent des Officiers, & un entre autres très-assiduement ; que la Demoiselle qui les attiroit, avoit depuis quelques mois de beaux diamans, & des habits plus riches qu'à l'ordinaire ; qu'elle n'étoit pas, à beaucoup près, si bien mise auparavant ; qu'il falloit qu'elle fût entretenue. En conséquence de ces rapports & des importunités de M. de Valcy, le Ministre avoit fait expédier deux lettres de cachet, l'une pour la Demoiselle de Vaury, l'autre pour M. de Valcy, qui fut conduit à la Bastille, où il est encore ; mais où il ne restera pas long tems, car il est dangereusement malade. Voilà, Madame, ce que j'ai ordre de vous apprendre ; vous pouvez assurer la Demoiselle, à laquelle vous vous intéressez, de la protection du Ministre, qui entend bien qu'elle obtienne de M. de Valcy, des dommages & intérêts proportionnés au tort qu'il lui a fait.

Madame de Vaury courut aussitôt chez Mademoiselle de Terville, pour lui annoncer ces bonnes nouvelles. Elle la trouva hors d'état d'être transportée : la fièvre avoit augmenté : des redoublemens, le transport, des accidens qui survinrent, firent enfin craindre pour sa vie. Elle fut dix jours dans cet état, pendant lesquels Madame de Vaury ne la quitta point. Elle essaya de tranquilliser son esprit, par ce qu'elle savoit de l'agent du Ministre, dans les intervalles que lui laissoit l'ardeur de la fièvre. Elle étoit si abbatue, qu'on ne songeoit qu'à lui procurer du repos. Ainsi Madame de Vaury attendit sa convalescence, pour lui apprendre un détail qui auroit pu contribuer à calmer ses inquiétudes.

Cette tendre amie, toujours zélée, infatigable pour les intérêts de cette chere malade, avoit écrit à Madame de Terville l'état où étoit sa fille, & l'étrange contre-tems qui venoit de lui arriver. Bien loin d'en être touchée, elle répondit que le plus grand bonheur pour elle étoit de mourir, puisqu'elle avoit manqué d'épouser le seul homme qui voulût se charger d'elle; que n'étant plus d'humeur à la reprendre, après sa derniere aventure, elle n'avoit d'autre parti à suivre, que de se faire Religieuse dans quelque Couvent, où l'on ne prît pas une grosse dot, parce qu'elle ne pouvoit sacrifier qu'un millier d'écus.

Madame de Vaury n'eut garde de montrer cette lettre à Mademoiselle de Terville : elle la jetta dans le feu, indignée du caractere & de la conduite de cette femme, & bien persuadée que sa jeune amie ne devoit plus compter sur une mere aussi intraitable; mais voyant que ses soins lui devenoient plus nécessaires, elle redoubla de zele pour la servir; & pendant qu'elle étoit dans son lit mourante, elle se donnoit tous les mouvemens, pour apprendre des nouvelles de M. de Valcy, & pour obtenir de son pere les dommages & intérêts que le Ministre avoit ordonnés. Elle fut trouver le Secrétaire qui étoit venu chez elle, & lui dit l'état où Mademoiselle de Terville étoit réduite, par le chagrin qu'elle avoit essuié. Il lui promit qu'avant peu de jours, elle auroit de ses nouvelles. En effet il vint la trouver de la part du Ministre, & lui apprit qu'il avoit envoyé chercher le vieux Valcy ; qu'après l'avoir traité avec tout le mépris que méritoient toutes les faussetés qu'il avoit avancées, & la démarche qu'il lui avoit fait faire, il lui avoit ordonné de venir vous faire des soumissions, & de proportionner les dommages & intérêts au préjudice qu'il avoit porté à la Demoiselle de Terville. Le Financier interdit & confus, a tout promis. Je ne doute pas qu'il n'obéisse aux ordres du Ministre, & que vous n'en obteniez une prompte & ample satisfaction.

Le lendemain Madame de Vaury reçut une lettre du même Secrétaire : voici ce qu'elle contenoit.

MADAME,

» Le Miniſtre ayant appris que M. » de Valcy étoit dangereuſement ma- » lade à la Baſtille, lui a fait ſignifier » ce matin qu'il avoit ſa liberté. Son » pere a ſupplié inſtamment de ne point » le relâcher, que la Demoiſelle de » Terville ne fût dans un Couvent : » il ne veut rien lui donner qu'à ce prix ; » mais le Miniſtre n'a pas voulu enten- » dre parler davantage de cette affaire, » & vous conſeille de pourſuivre impi- » toiablement cet entêté vieillard. Cette » affaire n'étant plus de ſon reſſort, » il ne peut que vous aſſurer de ſa pro- » tection ſur les objets qui dépendent » de lui directement. »

Madame de Vaury ne balança pas

un inſtant ſur ce qu'elle avoit à faire. Sachant que M. de Valcy avoit ſa liberté, elle ne douta pas qu'il ne ſe fît tranſporter chez lui : elle lui écrivit deux mots ; mais elle apprit qu'il n'étoit pas encore ſorti de la Baſtille. Elle y fut auſſitôt : le Gouverneur la reçut dans ſon appartement, & lui dit qu'il ne pouvoit, ſans un ordre, l'introduire dans la chambre de M. Valcy ; qu'il ſe chargeroit, en attendant, de tout ce qu'elle voudroit lui faire dire ou paſſer : il ajoûta que, ſitôt qu'il avoit eu l'ordre de le mettre en liberté, il le lui avoit ſignifié ; mais qu'il n'avoit pas pu en profiter, étant fort mal d'une fièvre maligne. Elle le remercia de ſes ſoins, le pria de dire à M. de Valcy qu'elle étoit venue pour l'inſtruire de choſes qui l'intéreſſoient particuliérement. Craignant, ſi elle s'ouvroit davantage, qu'on ne prôfitât de ſes confidences, pour chagriner encore Mademoiſelle de

Terville, elle ſortit & prit le chemin de la maiſon de Madame Didier.

L'état de Mademoiſelle de Terville l'inquiétoit beaucoup : elle eſſaya ſi des nouvelles de M. de Valcy ne produiroient pas un bon effet; ſaiſiſſant donc un moment : ne ſeriez-vous pas bien aiſe, lui dit-elle, de revoir un homme qui vous aime, & qui a été plus à plaindre que vous ? Penſe-t-il encore à moi, demanda Mademoiſelle de Terville ?.... Aſſurément ; il a été, ainſi que vous, dangereuſement malade ; mais il eſt mieux ; & il n'attend que ſa convaleſcence pour venir vous aſſurer de ſa tendreſſe. Il vient d'obtenir ſa liberté ; car, ma chere enfant, il avoit été mis à la Baſtille, par les importunités de ſon pere, qui vient d'avoir une réprimande ſévere pour les menſonges qu'il a inventés contre vous. Le Miniſtre lui a ordonné de venir me faire des excuſes, & de vous donner des dommages

& intérêts considérables : ainsi, prenez courage ; ne vous laissez point abattre à la douleur ; votre situation va changer : le pere de M. de Valcy voyant que le Ministre s'intéresse pour vous, se laissera peut-être fléchir par son fils, & consentira de bonne grace à son mariage : ne songez-donc qu'à vous rétablir, pour jouir de tous vos avantages.

Ce discours sembla pour quelques momens, faire impression sur Mademoiselle de Terville ; mais un redoublement étant survenu, Madame de Vaury fut obligée de garder le silence, & d'attendre qu'elle pût répondre. Enfin, deux heures après, elle se trouva plus calme. Je ne sçai, dit elle, si je serai jamais en état de profiter des bontés du Ministre, dont j'ai entendu dire tant de bien : je vous recommande toujours mes intérêts ; comme tout ce que j'aurai, je ne le devrai qu'à vos soins, je vous prie de me procurer les moyens d'en faire une diſpoſition conforme à ma reconnoiſſance, & à l'amitié que j'ai pour vous. Ah! mon Dieu, que me dites-vous, s'écria Madame de Vaury? je ne veux rien; & votre état n'aura pas de ſuites fâcheuſes, ſi vous ne vous laiſſez point abattre: éloignez de votre eſprit, des idées auſſi triſtes; & ne ſongez qu'à vous rétablir. Non, non, Madame, répondit-elle, il ne faut pas ſe flatter; je puis revenir ſans doute de cette maladie; mais j'emporterois un regret trop cruel, ſi je mourois ſans avoir fait aucunes diſpoſitions pour une amie telle que vous. Madame de Vaury eſſaia de la perſuader de reſter tranquille; elle ne lui répondit rien: elle s'apperçut ſeulement qu'elle étoit déterminée à lui laiſſer tout ce qu'elle devoit poſſéder, & ce dont elle jouiſſoit. Après l'avoir embraſſée, & conjurée d'écarter de ſon eſprit tout ce qui pouvoit augmenter ſon mal, elle retourna chez elle, comptant trouver une lettre de M. de Valcy.

Auſſitôt qu'elle fut ſortie, Mademoiſelle de Terville fit approcher Madame Didier. Après de tendres remerciemens de ſes ſoins, elle lui demanda ſa caſſette, où étoient quelques bijoux de prix & ſes boucles d'oreilles : elle la fit fermer devant elle, & voulut que l'on cachetât une adreſſe qui étoit celle de Madame de Vaury ; ayant mis la clef ſous ſon chevet, elle pria Madame Didier de faire venir le lendemain le Cordelier ſon Directeur. Après ces ordres, elle s'endormit aſſez tranquillement, & paſſa une nuit moins fâcheuſe. Le lendemain le Cordelier étant venu, elle le pria d'écrire ſes intentions, & de les mettre ſous cachet. Toutes ces précautions priſes, elle vit venir ſon amie avec une grande ſatisfaction : il ſembloit qu'à meſure que ſon eſprit devenoit plus tranquille, ſa maladie perdoit de ſa force. Enfin ſur le ſoir la fièvre diminua ; le jour ſuivant elle ſe trouva beaucoup mieux : ſa raiſon, ſe fortifiant, lui montra quelque eſpérance, & la ſauva du découragement, ſituation plus dangereuſe qu'un chagrin vif, mais qui n'a que quelques violens accès. La mélancolie eſt un poiſon lent qui conſume à la fin ; ſon remède ne ſe trouve que dans les plaiſirs & la diſſipation.

Fin de la ſeconde Partie.

www.ingramcontent.com/pod-product-compliance
Ingram Content Group UK Ltd.
Pitfield, Milton Keynes, MK11 3LW, UK
UKHW021828190726
13853UKWH00003B/1247